一 週 間 で 驚 く ほ ど 上 達 す る ！

日本一楽しい

韓国語学習 50のコツ

稲 川 右 樹
Inagawa Yuki

はじめに

韓国語学習者のみなさん 안녕하세요?

韓国語、楽しく勉強してますか？ 実力の伸び、実感できてますか？

ひょっとして、なかなか思うように上達できなくて悩んでませんか？

　韓国語はよく「日本語に似ている」と言われます。たしかに、語彙面でも文法面でも、これほど日本語と共通点の多い言語はそうそうありません。

　しかし……意気揚々と勉強をはじめてしばらく経つと「あれ？」「おや？」ということが徐々に増えてきます。**いくら日本語と似ているとはいっても、やはり外国語は外国語**。日本語の感覚がいつも通用するわけではないことがだんだんと見えてきます。

　その結果、「簡単だと思ったのに！」と気持ちが折れてしまい、結局初級からなかなか抜け出せない学習者をたくさん見てきました。

　しかし、彼らの悩みに耳を傾けるうちに、そこには一定の共通点があることがわかってきました。日本語ネイティブの学習者、とくに**入門から初級にかけての学習者は、だいたい似たようなことでつまずいている**ことが多いのです。それはたとえば…

いつもハングルの綴りを間違えてしまう！

単語がなかなか覚えられない！

動詞の変則活用が覚え切れない！

激音と濃音がうまく通じない！

ネイティブの話すスピードが早すぎてついていけない！

　などといった悩みです。このような**悩みの治療には、それぞれ適切な「処方箋」があります**。ただやみくもに机に向かっても、悩みに合わせたポイントを押さえなければ、時間と労力をただただ悪戯に消耗して疲れ果ててしまうだけ。

　ふだんのお仕事や学業の合間に韓国語を勉強している人ならなおさら、**効率よく実力を伸ばすための「コツ」が大事です。**

　この本を書くにあたって、僕はSNSを使って「万年初級」の自覚がある学習者の方々のお悩みを募集しました。そうして集まった中から、より多くの人の役に立ちそうなものを50個厳選し、それらに対する「コツ」をまとめて完成させたのがこの本です。

［**本書のポイント**］

❶ ハングルが読めるようになったらはじめどき

　ハングルは読めるようになった。簡単な挨拶、ちょっとした日常会話ぐらいならなんとかできる。でも、ちょっと込み入った話になると急に自信がなくなってしまう……。勉強しているのになかなか上達の手応えがない……。この本はそんな方たちに向けて書きました。

❷ 学習のコツがわかる、だから一週間で上達！

　ちょっと今までの学習書にはない試みとして、最終章は１章まるまる使って「勉強法」について語っています。本とラジオ・テレビ講座ぐらいしかなかった時代とは違って、現在はさまざまな韓国語に触れられるツールが世の中にあふれています。それらを**いかに効**

果的に韓国語学習のために使うか考えて書きました。

　自分自身の学習者としての経験もたっぷり盛り込んであります。どれか一つ、自分に合っていそうな勉強法を一週間続けてみてください。きっと、今までとは違う手応えを感じるはずです！

❸ あえてルビは入れません！

　初級向けの韓国語学習書を見ると、ハングルの上にカタカナでルビがふってあることが多いのですが、この本ではあえてルビを入れていません。

　韓国語上達のカギは「日本語の感覚から離れること」。カタカナを読んでいると、発音はもちろん、文法や聴き取りなどの面でもどうしても日本語の感覚がつきまとってしまうので、少しでもみなさんが韓国語と早く「お友達」になるために、ハングルそのものに親しんでほしいと思ったからです。

❹ 読む、書く、話す、聴く…全方向からアプローチ

　人には誰しも得意なことと苦手なことがあります。語学の勉強でもそれは例外ではなく、「読むことはできるけど発音が苦手」「発音は得意だけどいつもハングルの綴りを間違えてしまう」などなど、人によってその悩みもさまざま。

　この本では「語彙」「文法」「発音」「聴き取り」の章に分けることで、さまざまな悩みにアプローチできるようになっています。

　さあ、ではこれから一緒に楽しく頑張っていきましょう！

本書は初級学習者が理解する上でのわかりやすさを重視し、単語は代表的な意味のみを掲載、一部文法的な例外は解説からあえて外しています。

稲川右樹

contents

第2章 文法編
―韓国語学習の山場にして、爆発的に力を伸ばす肝―

第 **3** 章 **発音** 編
―韓国語の"音"が通じる、
通じないを決める―

第 **4** 章 聴き取り 編
―ハングルの〝実際の音〟を知っていく
大切さ―

contents

第5章 勉強 編

―K-POPに韓国ドラマ… 教材選びからAIの活用法―

イラスト／稲川右樹　カバーデザイン／tobufune（小口翔平、岩永香穂）　本文デザイン／二ノ宮匡（NIXinc）
DTP／Office SASAI　校正／裵正烈（HANA）、水科哲哉（INFINI JAPAN PROJECT）　企画・編集／仁岸志保

第 **1** 章

語彙 編

―どうやって単語を覚え、定着させるか―

チーズバーガー
セット 하고
アップルパイ
주세요!!

?

「単語を効率的に覚える方法は?」「固有語が
なかなか頭に入ってこなくて困っている」
「漢数詞と固有数詞の使い分けでいつも迷う」……。
第1章ではそんな語彙にまつわる悩みを解決。
単語力がつくと伝える力もグンとアップします!

日本語ネイティブの武器＝漢字をフル活用して語彙を増やす！

　日本語ネイティブには強力な武器があります。それは「漢字」。日本語の語彙の中で漢字語の占める割合は、だいたい5割程度だと言われています。

　では韓国語の場合は？　なんと**全体の約7割**。つまり100個の単語のうち70個ほどは漢字語から来た言葉だということです。じつは韓国でも漢字が日常語として使われていた時代があり、漢字語由来の単語が多数あります。

　しかも、**日本語と韓国語は、同じ漢字語が同じ意味で使用されている割合が非常に高い！**

　たとえば「日本人」は、韓国語で「일본인」と書きますが、これは漢字語の「日本人」をハングル（韓国語の文字のこと）に置き換えたものです。韓国も日本と同様、歴史の中で長らく漢字文化圏にあり、中国からさまざまな漢字語を自分たちの言語の中に取り入れてきました。

■パズルのように組み合わせて語彙を増やせる

　「日本人」は韓国語で「일본인（日本人）」、「学生」は「학생（学生）」です。これを応用すれば「人生」という単語も作れてしまいます。「日本人（일본인）」の「人（인）」と「学生（학생）」の「生（생）」をくっつけて……そう「인생（人生）」です！

　英語ではこのようなことは不可能で、同じ漢字語を共有している

日本語と韓国語だからできるワザです。

　また、漢字の「読み」もポイントです。日本語の漢字の読み方は、単語ごとに異なっています。「生」という漢字は「人生」では「セイ」ですが、「生涯」では「ショウ」と読み方が変わりますよね？

　しかし韓国語の場合は、原則的に**漢字一つに対して読み方も一つ**[※1]。「人生（인생）」であれ「生涯（생애）」であれ、「生」は「생」と読みます。

　しかも都合のいいことに、「こういう漢字はこういう読み方になる」というパターンがある程度決まっています（次ページにおもな例を一覧にしました）。

　先にお伝えしたように、漢字語由来の韓国語は全体の約7割、そして同じ漢字語を共有していることが多いので、**もしかしてこれも漢字語かな？　と予想をすると、だいたい漢字語のケースが多い**のです。

　たとえば韓国旅行中に目が痛くなって病院に行ったとします。えっ、「眼科」って韓国語で何と言えばいいの？　そんな言葉まだ習ってないし……。そんなときにふと「眼鏡」が「안경」、「科学」が「과학」だったことを思い出し、おそるおそる「안……과?」と言ってみたら……ビンゴ！　そう「眼科＝안과」でいいのです。

　ちなみに英語では「ophthalmology」……これは知識として丸暗記していないとお手上げですね。その点、韓国語と日本語では一見むずかしそうな単語でも、漢字の知識を生かして乗り切ることが可能なことが多いのです。

※1「金」を「김」と読んだり「금」と読んだりいくつかの例外もありますが、あくまでもごく一部にすぎません

▶ おもな漢字のハングル読みの法則

日本語の 漢字音	韓国語の 漢字音	例
「ん」で終わる 例)新、山、半、珍、然	「ㄴ」パッチムに なることが多い	新(신)、山(산)、半(반)、 珍(진)、然(연)
長音で終わる 例)動、量、商、中、工	「ㅇ」パッチムに なることが多い	動(동)、量(양)、商(상)、 中(중)、工(공)
「く」で終わる 例)作、宅、楽、極、悪	「ㄱ」パッチムになる	作(작)、宅(댁)、楽(낙)、 極(극)、悪(악)
「ち」「つ」で終わる 例)一、七、八、日、発	「ㄹ」パッチムになる	一(일)、七(칠)、八(팔)、 日(일)、発(발)
「-ai」の音で終わる 例)再、来、財、体、大、外	「ㅔ」「ㅐ」になることが 多い(たまに「ㅚ」)	再(재)、来(내)、財(재)、 体(체)、大(대)、外(외)

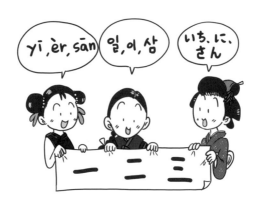

漢字語のストックを増やすのに「駅名」や「地名」が役に立つ！

　漢字の知識が韓国語の語彙を増やすのに役立つことはわかったけど、「どの漢字がどういう読み方をするのか」という知識はどうやって増やしていったらよいのでしょうか。

　現在韓国では漢字はほとんど使われておらず、本も、看板も、字幕もすべてハングルで表記されています。

　漢字をハングルに直すのは比較的簡単なのですが、逆にハングルを見て元の漢字を知るのは一筋縄ではいきません。

　たとえば「강」一つとっても、「江」「強」「姜」「康」「降」……。候補がいくつも出てきてキリがありません。

　そこでオススメなのが、**漢字とハングルの読み方が両方載っている資料をたくさん見る**こと。中でもオススメは地図や路線図、地名や駅名がとても役に立ちます。

　たとえばいずれもソウルの重要な地名である「光化門（광화문）」「合井（합정）」「三成（삼성）」を覚えたとします。すると、なんと「光合成」という言葉を自分で作ることができます。

　　光（광）＋合（합）＋成（성）＝光合成（광합성）

　です。また、「合井（합정）」の「合（합）」は、「合格（합격）」の

「合」でもあり、「合格」というハングルを見て「合格、かな?」などと予測がつくようになります。

　駅名や地名であれば韓国旅行の際に頻繁に目にするので覚えやすい、というメリットもあります。

■音と漢字をセットで覚える日本人の習慣

　もう少し漢字とハングルの関係についてみてみましょう。

　みなさんは漢字で書かれた次の韓国の地名の読み方がわかりますか?　いずれもとても有名な地名です。

1　明洞
2　釜山
3　江南
4　仁寺洞
5　狎鴎亭

　答えは「명동」「부산」「강남」「인사동」「압구정」です。

　ではもう一つ質問。ハングルで書かれた次の地名の漢字がわかりますか?　これもやはりとても有名な地名です。

1　홍대
2　제주
3　인천
4　이태원
5　판문점

答えは、「弘大」「済州」「仁川」「梨泰院」「板門店」です。

どれぐらい正解できたでしょうか？

じつはこれらの問題、韓国人よりも日本人のほうがずっと正解率が高いのです。ふだんから漢字に触れているからというのもありますが、理由はもう一つあります。**日本人は習慣的にある地名に接したとき、その音と漢字をセットで覚える**からです。

たとえば次の地名の読み方を答えてみてください。

1 埼玉
2 鳥取
3 神戸
4 稚内

たぶんすんなりと「さいたま」「とっとり」「こうべ」「わっかない」と読めたと思います。

じつはこれらはいずれも元の漢字音からすると変則的な読み方で、よくよく考えると「何でそう読むんだ？」という地名ばかりです。

　でも、ふだんはそんなこと考えもしませんよね？　字を見れば反射的に音が出てきます。それが**音と漢字をセットで覚える習慣**があるということです。

「明洞」を「めいどう」ではなく「ミョンドン」と呼ぶのは変則的な読み方です。でも、漢字の不規則かつ理不尽な読み方に慣れきっている日本人は、深く考えることなく「はいはい明洞と書いてミョンドンね」とすんなり受け入れてしまいます。これはもう理屈ではなく習慣のようなものです。

　くどいようですが、こんなことができるのは日本語ネイティブだけです。みなさんはこの不思議な習慣を精一杯活用しないと損！　漢字の知識を使ってどんどん語彙を増やしてみましょう。

▶ しりとりのように単語を作ってみよう

一つの単語から、しりとりのように言葉の連想ゲームができます。
こんな方法で語彙を増やせるのも漢字語由来だからこそ。

▶ 単語を組み合わせて新たな単語に

知っている単語と単語を
パズルのように組み合わ
せて新しい単語を作るこ
ともできます。

なぜ「ファン」を「ペン」と呼ぶ？ 外来語の音はパターンで覚える

　日本も韓国も戦後アメリカの影響を強く受けて発展してきたため、それぞれの言語には英語由来の外来語がたくさん入っています。

　たとえば、「オレンジ」は韓国語でも「오렌지」、「トマト」は「토마토」です。韓国語の単語をまだあまり知らない場合、このような外来語はかなり強い味方になってくれます。

　しかし、日本語とはずいぶん違う感じに聞こえる外来語もたくさんあります。

　たとえば世界中に展開している有名ハンバーガーチェーンの「マクドナルド」は「맥도날드」、「ハンバーガー」は「햄버거」、「ビッグマックセット」にいたっては「빅맥세트（発音は［빙맥세트］）」といった感じで、はじめて聞いた人は何のことかわからないかもしれません。

　これは、**英語の元の発音をどのように受け取るかという基準が日本語と韓国語で異なる**から起こる現象です。

■日本語の伸ばす音は韓国では伸ばさない

　また、韓国語の外来語は母音の長短をほとんど区別しません。たとえば「car」は日本語では「カー」ですが、韓国語では「카」の一文字。「チーズ」も「치즈」です。

　韓国語で話すときは長音の「ー」記号をまず取って、「カ」「チズ」のようにしてから発音するとそれっぽくなります。

こういった韓国語の外来語は、出会うたびに一つひとつ覚えていくことになりますが、**ある程度パターン化されている**ので、慣れると頭の中で自動的に変換できるようになってきます。

ただしあまりのめり込みすぎると、日本語を話しているときでもうっかり韓国風の発音になってしまい周りの人に「？」という顔をされてしまうのでご注意！　僕もよくやらかします。

▶ 韓国語の外来語表記

英語の発音	日本語では	韓国では
[æ] 例：can, apple	「ア」の母音になる 例：キャン、アップル	「ㅐ」の母音になる 例：캔, 애플
[ʌ] 例：love, lucky	「ア」の母音になる 例：ラブ、ラッキー	「ㅓ」の母音になる 例：러브, 럭키
[er] 例：her, picture	「アー」の母音になる 例：ハー、ピクチャー	「ㅓ」の母音になる 例：허, 픽처
[ei] 例：cake, date	「エー」の母音になる 例：ケーキ、デート	「에이」の母音になる 例：케이크, 데이트
[ð]（有声音のth） 例：mother, the	「ザ行」の子音になる 例：マザー、ザ	「ㄷ」の子音になる 例：머더, 더
[f] 例：fun, life	「ファ行」の子音になる 例：ファン、ライフ	「ㅍ」の子音になる 例：팬, 라이프

[z] 例：zoo, cheese	「ザ」行の子音になる 例：ズー、チーズ	「ㅈ」の子音になる 例：주, 치즈
[ŋ] 例：king, young	「ング」になる 例：キング、ヤング	「ㅇ」パッチムになる 例：킹, 영
母音に挟まれた[l] 例：telephone, color	「ラ行」の子音になる 例：テレフォン、カラー	「ㄹ」パッチム＋ 「ㄹ」の子音になる 例：텔레폰, 컬러
語末の[t] 例：cut, out	「ト」になる 例：カット、アウト	[ㅅ]パッチムになる 例：컷, 아웃

チーズバーガー セット 하고 アップルパイ 주세요!!

日本式の発音のままでは伝わらない

コツ 04 | 会話がどんどんはずむ 「네」以外のあいづちを 覚えておくと得!

　韓国語のコミュニケーションと言えば、どうしても「上手に話す」ことばかりに意識が向かってしまいがちです。けれど、コミュニケーションは話し手と聞き手があって成立するもの。**相手の発言に対してあいづちを打つことも会話の一部**です。

　でも「気づけばいつもいつも"네"ばかりで……」。そんな悩みを解決する、シチュエーションに応じた韓国語のあいづちの語彙を紹介しましょう。意味だけでなく、ニュアンスもつかんでみてくださいね。

▶ 同意するとき

あいづち	近い日本語のあいづち	ポイント
네	はい、ええ	最も無難かつスタンダードなあいづち。乱用に注意
그래요	そうです	相手と同じ意見であることを示すあいづち
그러네요	そうですね	相手と同じ意見であることをしみじみと示すあいづち
맞아요	そのとおりです	相手の言っていることが正しいとアピールするあいづち

그러니까요	まさに そのとおりです	相手の言っていることが正しいと心から 強調するあいづち
제 말이	それが 言いたかった	よくぞ言ってくれた！という気持ちを 表すあいづち

▶ 驚きを表現するとき

이야	いやあ	相手に感心していることを示すあいづち
우와	うわあ	相手の発言に対する強い驚きを示す あいづち
어머	あら	相手の発言に対する驚きを示す女性的な あいづち
아이고	（万能）	喜怒哀楽ありとあらゆる場面で使える あいづち。少し年寄りっぽい
정말요?	本当ですか？	相手の発言が信じられない！という気持 ちを示すあいづち
이런	そんなあ	それはひどい！と相手に同情する気持ち を示すあいづち
세상에	びっくりです	そんなことがあるなんて！という驚きを 示すあいづち

이럴 수가	そんなバカな	世상에の強いバージョン。世상에とセットで使われることも多い
대박	すごい！	感心したり驚いたり幅広いシチュエーションで若者が使うあいづち

▶否定するとき

에이	え〜	相手の発言に対する軽い否定を示すあいづち
아니에요	いえいえ	相手の発言に対する否定を示すあいづち
설마	まさか	相手の発言に対する強い否定を示すあいづち
거짓말	うそ〜	相手の発言に対する強い否定を示すあいづち。強い語調で言うと、相手を非難するニュアンスになるので注意
그런가요?	そうですかあ？	相手の発言にやんわりと疑問を呈するときのあいづち
글쎄요	う〜ん	素直に「はい」と言う気になれないときのあいづち

역시	やっぱり	予想・期待どおりだったことを示す あいづち
어쩐지	だと思った	自分は最初からそう思っていたという ニュアンスのあいづち

　一般的に日本語ネイティブは、相手の話の合間合間に頻繁にあい
づちを打ちます。そうすることで相手の話を興味深く聞いています
よ、という態度を示します。

　ですが、逆に韓国語では相手の話を真剣に聞くときには**あいづち
をあまり打たずに、黙って耳を傾けるのが好印象**とされます。あい
づちを打ちすぎると、落ち着きのない感じがしたり、「わかったか
ら早く話を終わって」というニュアンスに受け取られることもある
ので気をつけてください。

コツ 05 | 定着しにくい固有語は目と耳と口と手を総動員して覚える！

　じつは日本語ネイティブにとって最も覚えにくいのが、韓国語の固有語です。固有語は漢字語とは異なり日本語と韓国語の間に共通点がほとんどありません。平たく言うと「**全然音が違う**」のです。

　一例として、体の部位を言い表す言葉を見てみましょう。

頭	→	머리
顔	→	얼굴
目	→	눈
胸	→	가슴
背中	→	등
おしり	→	엉덩이

　たまに「日本語と韓国語は双子のような言語だ」などと耳にします。けれど本当にそうであったなら、頭は「아탐」、胸は「무니」のようになんとなく似たような音になるはずなのですが、実際は「머리」「가슴」と表し、１ミリも似ていませんよね。

　これらの固有語は、残念ながら理屈抜きにとにかく丸暗記するしかありませんが、丸暗記が苦手だという人も少なくないでしょう。
　こうすれば誰でもたちどころに単語がどんどん頭に入る！という

画期的な記憶法でもあれば誰も苦労しませんし、実際そんなものは存在しないのですが、単語を覚えるときは目だけ、耳だけ、口だけで覚えるのではなくて、**目と耳と口、そして手を同時に使って覚える**ことをオススメします。

■覚えにくい単語ほど、目で覚えない

たとえば自分の大好きな韓国語の歌の歌詞を書き写すのは、すごくいい方法です。好きな歌というのは意味がわからなくても何度も何度もリピートして聞いているので、すでに耳が音を記憶している状態だからです。

やり方を紹介しましょう。

1 歌を聞きながら、「こういう音が聞こえる！」ということを感じる

まず感じるだけでOKです。このときは空耳でも何でもかまいません。

2 ある程度音が記憶できたら、今度は自分に聞こえている音をできるだけそのまま口に出して言う練習をする

まだ意味がわからなくても大丈夫。とにかく自分の口でその音を再現してみることが大事です。

3 ネットで検索してその歌の歌詞をノートなどに書き写す

書き写すことで、なんとなく聞こえていた音がハングルではどのように書くのか発見できるはず。

たとえば「豚書けよ〜♪」と聞こえていたものが、じつは「부탁

할게요〜♪」だったことがわかります。

　歌詞に使われている単語や表現を調べて、歌詞の意味を翻訳してみるのもオススメです。

　1〜3の一連の流れを通して、耳（聴く）と口（発音する）と目（読む）と手（書き写す）を総合的に使って単語に向き合うことができるようになります。

그럼 선생님,
부탁할게요〜‼
（じゃあ先生、お願いしますね〜）

復習は間を空けずに！
その理由は「忘却曲線」が
語っている

　人間の能力にはそれぞれ個人差がありますが、記憶力も例外ではありません。見聞きしたことを瞬時に記憶し、忘れない人もいますが、たいていの人は時間が経つにつれいろんなことを忘れながら生きています。

　頑張って単語を覚えたのに、一晩寝て起きたらすっかり忘れてしまっていたという経験は誰しも覚えがあるはずです。

　新しい単語だと思って張り切って辞書を引いたのに、そこに以前自分がチェックした痕跡を見つけたりすると本当に嫌になってしまいますよね。

　でもそんなに落ち込まないでください。むしろ単語は忘れるのがあたりまえなのですから。

　とはいえ、単語を覚えることは韓国語の力をアップさせるのに欠かせません。

　僕が留学時代によく使った単語を覚える方法を紹介します。万人に効果があるとは言い切れませんが、とにかく何度も何度もしつこく思い出すことで、一生覚えられなさそうだった単語もだんだん定着していきました。方法は次のとおりです。

1　新しい単語を覚える
2　しばらく（2〜3時間ぐらい）まったく関係ないことをする

3 1で覚えた単語を思い出してみる

4 何を忘れたのかをチェックして、忘れた単語をまた覚えてみる

5 2〜4を繰り返す

　一度学んだことを短いスパンでもう一度学び直すことで、忘れかけていた知識を忘れにくくする効果があります。

　下の図を見てください。これは忘却曲線といって、「最初に記憶してからの時間」と「覚えたことを思い出すのに必要な時間や回数」の関係を表しています。

　この図を見ると、何度も繰り返し復習することで記憶を呼び覚ますまでの労力が減り、さらに記憶として定着しやすくなっていることがわかります。

▶ 忘却曲線の図

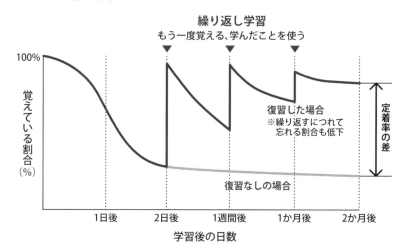

何度も復習するというとすごく大変そうに思いますか？

大丈夫、日常生活の中でも簡単にできます。ふと「あれって何だっけ？」と思い返してみることこそが大事。これだって立派な復習になります。

■忘れるスピードをいかに緩やかにするか

人間の脳は新しく獲得した知識の中から、長く覚えておかなくてはいけない大切な記憶と、短期間で忘れてもいい記憶を選別します。

つまり、いらないと判断された知識はどんどん記憶の中から消されていくということ。100の知識を学んでも1日経過するとそのうち覚えているのは50にも満たないという説もあります。

忘れる量は時間に比例するので、1か月も経つと何を学んだのかすっかり覚えていないという状態になるというわけです。

しかし、これはあくまでも「何もしなかった場合」です。残念ながら忘れること、そのものを止めることはできませんが、忘れるスピードを緩やかにすることはできる。その方法こそが「復習」に他ならないのです。

単語は忘れるのがあたりまえ
落ち込まなくて大丈夫

覚えにくい韓国語の数字は助数詞と一緒に！音として記憶する

　同じ「１、２、３」でも、韓国では「하나, 둘, 셋」と読んだり「일, 이, 삼」と読んだりします。**韓国語の数字には「漢数詞」と「固有数詞」の２種類があって、**それが数字の読み方をややこしくしています。

　じつは日本語にも漢数詞の「いち、に、さん」と固有数詞の「ひとつ、ふたつ、みっつ」があるのですが、現在の日本語で使われているのはほとんど漢数詞。それに対し韓国語では漢数詞も固有数詞も盛んに使われており、その使い分けはかなり重要です。

■助数詞とセットで「音ごと」覚える

　数字をマスターする方法は、数字の後ろの助数詞（単位）とセットで覚えるのがオススメです。つまり、「하나, 둘, 셋」と固有数詞を単独で覚えるのではなく、たとえば、人数を数えるときの「〜명（人）」とセットで覚える。最初から「한 명, 두 명, 세 명……」のように、**数字と単位を一緒に覚えて、その音を耳に記憶してしまうのです。**

　それぞれの助数詞ごとに１〜10ぐらいを一緒に覚えておくと、いざ自分が口にするときにその音が反射的に出てきます。

　さらに、音として記憶に染み込んでいるので、漢数詞と固有名詞の使い分けに迷わなくなります。

　おもな助数詞を次ページにまとめてみました。**口が自然に動くよ**

うになるまで、繰り返し言って練習しましょう。そのころには、きっと頭に強く刻み込まれているはずです。

▶ 漢数字

助数詞	意味	練習しよう！
~년	~年	일 년, 이 년, 삼 년, 사 년, 오 년, 육 년, 칠 년, 팔 년, 구 년, 십 년
~월	~月	일월, 이월, 삼월, 사월, 오월, 유월※, 칠월, 팔월, 구월, 시월※, 십일월, 십이월
~일	~日	일 일, 이 일, 삼 일, 사 일, 오 일, 육 일, 칠 일, 팔 일, 구 일, 십 일
~분	~分	일 분, 이 분, 삼 분, 사 분, 오 분, 육 분, 칠 분, 팔 분, 구 분, 십 분
~도	~度	일 도, 이 도, 삼 도, 사 도, 오 도, 육 도, 칠 도, 팔 도, 구 도, 십 도
~번	~番	일 번, 이 번, 삼 번, 사 번, 오 번, 육 번, 칠 번, 팔 번, 구 번, 십 번
~호선	~号線	일 호선, 이 호선, 삼 호선, 사 호선, 오 호선, 육 호선, 칠 호선, 팔 호선, 구 호선, 십 호선

※6月と10月は例外的。6月は육が유に、10月は십が시に変わります。

34

▶ 固有数字

助数詞	意味	練習しよう！
~시	~時	한 시, 두 시, 세 시, 네 시, 다섯 시, 여섯 시, 일곱 시, 여덟 시, 아홉 시, 열 시
~개	~個	한 개, 두 개, 세 개, 네 개, 다섯 개, 여섯 개, 일곱 개, 여덟 개, 아홉 개, 열 개
~명	~人	한 명, 두 명, 세 명, 네 명, 다섯 명, 여섯 명, 일곱 명, 여덟 명, 아홉 명, 열 명
~번	~回	한 번, 두 번, 세 번, 네 번, 다섯 번, 여섯 번, 일곱 번, 여덟 번, 아홉 번, 열 번
~마리	~匹	한 마리, 두 마리, 세 마리, 네 마리, 다섯 마리, 여섯 마리, 일곱 마리, 여덟 마리, 아홉 마리, 열 마리
~장	~枚	한 장, 두 장, 세 장, 네 장, 다섯 장, 여섯 장, 일곱 장, 여덟 장, 아홉 장, 열 장
~권	~冊	한 권, 두 권, 세 권, 네 권, 다섯 권, 여섯 권, 일곱 권, 여덟 권, 아홉 권, 열 권

身の回りで目についた数字を何でもかんでも韓国語にして言ってみるのも、いいトレーニングになります

似た意味の言葉は画像検索! ビジュアルで違いをつかむ

　勉強が進み、知っている単語の量が増えると新たに出てくるのが「○○と●●って何が違うの?」という悩み。辞書を引いて意味を調べてみても、いまいち腑に落ちないことが多いですよね。

　たとえば「알록달록」と「얼룩덜룩」という似た意味を持つ言葉があります。辞書で意味を調べると、「알록달록=いろいろな色の点や縞が雑然とまだらなさま」、「얼룩덜룩=雑然とまだらなさま;段だらに;点々と」と出てきます。

　どうでしょう?　これだけでこの2つの単語の間に存在する違いがわかりますか?　何となくわかるような、わからないような……何ともモヤモヤしますよね。

　こんなときこそ「画像検索」です。画像検索はその**単語の持つ意味をビジュアル的に把握するのに非常に役に立ちます**。

■単語が使われるシチュエーションこそ大事

　たとえば先ほどの「알록달록」と「얼룩덜룩」を画像検索してみるとしましょう。

　「알록달록」は色鮮やかな子どものおもちゃやゼリービーンズ、あとはポップな色使いのインテリアなどの画像が多くヒットします。

　一方で「얼룩덜룩」は皮膚のくすみやシミ、変色してしまった服などの画像が出てきます。

　つまり、同じ「いろんな色が混ざっている」であっても、**「알록달록」は明るく軽快でかわいい感じ、「얼룩덜룩」は暗くてくすんだような感じ**を表すときによく使われることがわかります。

　よく「百聞は一見にしかず」と言いますが、僕は「百読は一見にしかず」とも言えるのではないかと思っています。辞書の説明を何度読んでもピンとこなかったことでも、画像を見ることで感覚的にすんなりと理解できたりするものです。

　単語を覚えるときに大事なことは、**単語の意味だけを覚えるのではなく、その単語が使われている状況を覚える**ことです。そういう意味でも画像検索は、その単語が使われているシチュエーションが視覚的に提示されるので、その単語の使用範囲―こういうときは使えて、こういうときは使えない―がより理解しやすくなります。

「接頭辞」「接尾辞」は
語彙を爆発的に増やす
魔法のアイテム

　韓国焼酎の銘柄に「チャミスル」があります。韓国ドラマで失意の主人公が屋台に腰掛けて一人寂しく傾けている緑色のビン、あれです。

　この「チャミスル」は韓国語では「참이슬」と書きます。この韓国語は「참 + 이슬」という二つの単語から成り立っていて、「이슬」は「露」のこと。そして、「참-」は名詞の前について「本当の、混じりっ気のない」という意味をプラスする単語です。

　このような「참-」のような単語を**「接頭辞」**と言います。「사랑（愛）」にくっつけると「참사랑（真実の愛）」、「마음（心）」にくっつけると「참마음（偽りのない心）」となり、ここからいろいろな言葉を派生的に作り出すことができます。

　韓国語にはこのような接頭辞、そして単語の後ろにつく接尾辞がたくさんあり、これらを把握することで、**語彙数を飛躍的に増やすことができます。**

　代表的な接頭辞と接尾辞をいくつかご紹介します。

接頭辞と接尾辞の
意味を知るのも
おもしろいですよ

▶おもな接頭辞

接頭辞	意味	例
개-	質の悪い、ひどい	개꿈(ひどい夢), 개고생(ひどい苦労), 개망신(赤っ恥)
맨-	素の、剥き出しの	맨발(裸足), 맨손(素手)
새-	新しい	새옷(新しい服), 새집(新築の家), 새사람(新人)
옛-	昔の、古い	옛사랑(昔の恋), 옛말(昔の人の言葉、言い伝え)
첫-※	はじめての最初の	첫눈(初雪), 첫사랑(初恋), 첫차(始発)
막-	終わりの、最後の	막차(終電), 막내(末っ子)
헛-	ムダな、意味のない	헛생각(ムダな考え), 헛고생(ムダ骨)
늦-	遅い、遅れた	늦잠(寝坊), 늦가을(晩秋)
꿀-※	すごく良質な	꿀맛(ものすごく美味しい味), 꿀피부(上質の肌)
날-	生の	날계란(生卵), 날고기(生肉)

※厳密には接頭辞とはいえませんが、便宜上記載しています。

▶おもな接尾辞

接尾辞	意味	例
-가※	〜のほとり、周辺	바닷가(海辺), 호숫가(湖畔), 강가(川辺)
-걸이※	引っかけるもの	옷걸이(ハンガー), 목걸이(ネックレス), 귀걸이(イヤリング)
-꾼	〜を仕事にしている人	사냥꾼(猟師), 사기꾼(詐欺師), 일꾼(労働者)
-쟁이	〜な性質がある人	고집쟁이(頑固者), 거짓말쟁이(嘘つき), 월급쟁이(月給取り)
-질	行為(やや否定的なニュアンスもあり)	바느질(針仕事), 선생질(教師〈やや否定的に〉)
-터※	〜の場所	빈터(空き地), 옛터(跡地), 전쟁터(古戦場)

※厳密には接尾辞とはいえませんが、便宜上記載しています。

コツ 10 | 「擬音語」「擬態語」は単語が持つイメージで陰陽に分かれる

　日本語にも「ヒューヒュー」「ワンワン」「パラパラ」などの擬音語・擬態語がたくさんありますが、韓国語も日本語に負けず劣らず擬音語・擬態語が多い言語として知られています。

　たとえば犬が「ワンワン」と鳴く声は「멍멍」、猫の「ニャーニャー」は「야옹」。このように日本語と何となく似ているものもありますが、豚の鳴き声が「꿀꿀」だったり、「うとうと」居眠りをする様子が「꾸벅꾸벅」だったり、言葉だけではまったく想像もつかないものもたくさんあります。

　このような擬音語・擬態語は、理屈ではなく本能的な感覚に根ざしているので、その言語で育ってきたネイティブ以外にはしっくりきません。とくに成人学習者の場合、すでに母国語の感覚ができ上がってしまっているので、外国語の擬音語・擬態語がむずかしいと思うことが多いのです。

　そんな擬音語・擬態語の学習に使えるのが**韓国の子どもたちのために作られた童話や童謡**。といっても別に韓国まで絵本や童謡のCDを買いに行く必要はありません。

　YouTubeで**「어린이 동화」や「어린이 동요」と検索**すれば、無料で見られる童話や童謡がいくらでも見つかります。ついでに、韓国人なら誰でも知っている昔話も知ることができて一石二鳥ですね。

韓国発のデジタルコミック「ウェブトゥーン（웹툰）」などを活用してもいいですね。マンガには擬音語・擬態語がたくさん使われています。

■陽母音の擬音語は明るくて軽いイメージ

　擬音語・擬態語については他にも知っておくとよい豆知識があるのでご紹介します。

　韓国語では「ㅏ, ㅗ（ㅑ, ㅛも含む。以下同）」が陽母音、それ以外が陰母音と区別されています。**擬音語・擬態語の場合、それが陽母音か陰母音かによって、イメージが区別されている**のです。

・陽母音で成り立っているもの
　小さい、明るい、軽い、かわいい、鋭いイメージ

・陰母音で成り立っているもの
　大きい、暗い、重い、渋い、鈍いイメージ

　たとえば、「반짝반짝」と「번쩍번쩍」はどちらも光に関する擬態語ですが、前者（ㅏがあるから陽母音）は小さく綺麗な光が「ピカピカ」している感じ、後者（ㅏ, ㅗ以外だから陰母音）はちょっと怖いような感じで「ビカビカ」している感じです。

　日本語の「コロコロ」と「ゴロゴロ」、「トントン」と「ドンドン」のような区別だと考えるとわかりやすいと思います。

　ちなみに、擬音語・擬態語の後ろに「- 이다」「- 거리다」という言葉がつくことがよくあり、次のような違いがあります。

・- 이다　：1回だけその様子が起こる感じ

・- 거리다：何度もそれが繰り返される感じ

　先ほどの「반짝」を例にとると、「ピカッ」と一度だけ光るときは「반짝이다」、「ピカピカ」と何度も点滅するようなときは「반짝거리다」と表現されます。

　さて、ここまで読んで擬音語・擬態語を覚えたところで、いったい何かの役に立つのかな？　と思ったりしませんでしたか？
　じつは擬音語・擬態語は語彙量のまだ少ない初級学習者にとってとても心強い味方となってくれます。
　たとえば、お店などでほしいものがあり、でも、正式な呼び方、名称はわからない場合「キラキラして、ふわふわした甘いアレ」などと言うことはできます。また、韓国で体調が悪くなり病院へ行ったら症状を詳しく説明しなければいけません。「キリキリした痛み」「ズキズキとして重い」……どれも擬音語・擬態語の一つです。

コツ 11 | 料理名のルールを公開！調理法の語彙を覚えて勉強も旅行も楽しく

第1章の最後は、語彙を増やすコツとも旅行のコツとも言える話を紹介しましょう。

コンサートに、ショッピングに、カフェ巡りに……韓国旅行の目的は人それぞれですが、「美味しいものを食べる」という目的はどんな旅人にも共通しているのではないでしょうか？

「サムギョプサル」や「チーズタッカルビ」など、日本でもすっかりメジャーになった食べ物もありますが、せっかく現地に行ったらふだんは食べ慣れていないものにもチャレンジしてみたくなりますよね。でも、いったいどんな料理なのかわからなかったりすると、ちょっと二の足を踏んでしまいます……。そこで韓国料理の名前を理解する方法です。

■材料＋調理法が基本ルール

韓国料理の名前は基本的に「材料＋調理法」というスタイルがお約束。多くは材料、調理法の順番に並んでいます。

料理に使われる材料はそれこそ星の数ほどあるので、ここではとても紹介し切れませんが、調理法は比較的限られているので、いくつか覚えておくと注文の際にどんな料理かなんとなく見当がつきやすくなります。

では、料理名に使われる代表的な調理法を表す語彙をご紹介しましょう！

▶調理法を表す韓国語

語彙	意味	例
구이	焼き物	생선구이(焼き魚), 오리구이(アヒル焼き) ※語頭に来るときは「군」になります 例:군만두(焼き餃子), 군고구마(焼き芋)
튀김	揚げ物	새우튀김(エビフライ、エビ天ぷら), 감자튀김(フライドポテト)
찜	蒸し物	갈비찜(カルビ蒸し), 아구찜(アンコウ蒸し)
조림	煮物	장조림(醤油煮), 호박조림(カボチャ煮)
무침	和え物	오징어무침(イカの和え物), 콩나물무침(豆もやしの和え物)
찌개	鍋	김치찌개(キムチ鍋), 된장찌개(味噌鍋)
탕, 국	スープ	추어탕(ドジョウ汁), 미역국(ワカメスープ)
볶음	炒め物	제육볶음(肉炒め), 오징어볶음(イカ炒め) ※「떡볶이(トッポッキ)」だけは例外的に「볶이」

ただし、これはあくまでも一般的な傾向なので、例外はいくらでもあります。

　たとえば日本でもお馴染みの「비빔밥（ビビンバ）」は、「비빔（混ぜ物）」と「밥（ご飯）」のように、先に調理法がきて、後から材料という順番になっています。

　また、「炒め物」は「볶음」だと紹介しましたが、「떡볶이（トッポッキ）」だけは例外的に「볶음」ではなくて「볶이」という形になっています。

　余談ですが、日本ではこの料理を「トッポギ」としているのをよく見かけます。ですが、日本語ネイティブの発音する「トッポギ」は韓国語では「虫眼鏡（돋보기）」に聞こえるため、まず通じないと思って間違いありません。

[僕の韓国語見習い時代]

韓国語をはじめたきっかけ
「おもしろいから！」

　いやはやすごい時代になりました。韓国語を勉強する日本人がこんなに増えようとは……僕が勉強をはじめた20年前には想像もできませんでした。

　2019年度の全国の紀伊國屋書店の売り上げデータによると、英語を除く外国語の教育書のうち、韓国語が堂々の２位だとか。３位の中国語の２倍近く売れているというのだから驚きです。

　しかも、その人たちのほとんどが「役に立つから」「就職に有利だから」という実利的な目的よりも、「好きだから」「おもしろいから」という理由で韓国語を勉強しています。

　これは本当にすごいことだと思いますし、韓国語の仕事に関わる一人の人間として心からうれしく思います。

　よく「韓国語をはじめたきっかけは？」と尋ねられることがあります。僕の理由もそれこそ「おもしろかったから」です。一人の韓国人女性との出会いをきっかけに、何の興味もなかった韓国語に出会い、それまでは単なる記号にしか見えなかったハングルが、ちょっと練習するだけで魔法のように読めるようになる驚き。

　英語とはまったく違う、日本語によく似た文法。時にたおやかに、時に激しく、そしてどことなくユーモラスな響きを含んだ音声。何よりそんなおもしろい言語がすぐ隣の国にあったという衝撃。

　そんな諸々が相まって、僕はたちまち韓国語の魅力の虜になってしまったのです。

文法編

─韓国語学習の山場にして、爆発的に力を伸ばす肝─

韓国語を思いのまま使いこなすために、
避けては通れないのが文法です。「分かち書き」の
ルールや文型、変則活用など、学習者がつまずきやすい
ポイントをスッキリ解説。以前文法を学んだけれど
挫折した、そんな人も必読です！

分かち書きに迷ったら 「ね」「さ」で区切れるか どうかで判断

日本語は文字を詰めて文章を書くのに対し、韓国語は分かち書き（띄어쓰기）といって、**文章の途中途中でスペースを入れます。**このルールがなかなかマスターできないという人も少なくないようです。

韓国語が分かち書きをする理由はいろいろありますが、その中でも「ハングルしか使わないから」というのが大きいでしょう。これは逆に言うと、日本語は漢字とひらがなやカタカナなど複数の字を使い分けるために分かち書きをする必要がないという話になります。

のろいのはかば

たとえば上の「のろいのはかば」というひらがなの文章を考えてみましょう。ひらがなだけだと「呪いの墓場」なのか、「のろいのはカバ」なのかわかりません。

でも「のろいの　はかば」「のろいのは　かば」と分かち書きをすればわかりますよね。分かち書きをすることで意味の単位をはっきり示す効果を得ることができます。

韓国語の分かち書きはいろいろ細かいルールがあって一見ややこしいのですが、まずは原則をしっかりマスターし、細々した例外は後づけで覚えていきましょう。

■日本語と韓国語の文節には共通点がある

　韓国語の分かち書きの大原則は「文節ごとに切る」こと。

　「文節」とは何か？　それを深く突き詰めて行くとなかなかむずかしいのですが、一番乱暴な言い方をすると日本語の場合「ね」や「さ」で切れる単位ということになります。

　たとえば「昨日友達とソウルでチキンを食べた」という文章の場合、「昨日さ、友達とさ、ソウルでさ、チキンをさ、食べたさ」と分けることができます。なので、「昨日」「友達と」「ソウルで」「チキンを」「食べた」の５つの文節があるということになります。

　この原理は韓国語にもほぼそのまま適応できます。上の文をそのまま韓国語にしてみましょう。

　어제친구하고서울에서치킨을먹었다

　この場合、어제／친구하고／서울에서／치킨을／먹었다の５つの文節に分けられ、正しくは下のように記述（分かち書き）します。

　어제 친구하고 서울에서 치킨을 먹었다

　まずはこの大原則をしっかり理解します。

■分かち書きの例外はこれだけ押さえればOK！

　さて、ここからは代表的な例外について紹介しましょう。

1 名前は分かち書きしない。ただし外国人の場合はすることも多い

日本語ではどこまでが姓でどこからが名前かわかりやすくするために「稲川　右樹」のようにスペースを置くこともありますが、韓国人の名前はそのような分かち書きをしません。これは韓国人の場合「原則的に姓が１文字である」という共通認識があるためです[※1]

　김 지영（×）
　김지영　（○）

　ただし、外国人の名前は「이나가와 유우키」のように姓と名前の間にスペースを置くこともあります。そうしないとどこまでが姓で、どこからが名前なのか韓国人にはわかりにくいからです。

2「〜さん」や「〜部長」などの呼称や肩書きは分かち書きする

　ちょっと注意が必要な部分です。日本語でたとえると「田中　さん」や「金　部長」のように書くというわけです。外来語の「ミスター朴」なども「ミスター　朴」となります。

　다나카 씨
　김 부장님
　미스터 박

3　数につく単位は分かち書きをする

「４個」「６匹」「８人」などの単位も分かち書きをします。

　네 개

여섯 마리
여덟 명

　ただし、数字をアラビア数字で表記する場合は詰めて書くことが許容されており、実際にそう書かれていることが多いです。

4개
6마리
8명

4「수」「것」の前は必ずスペースを空ける

「～できる」という可能形で使われる「수」や、「～こと・もの」などを表す「것」などは「形式依存名詞」と呼ばれます。**これらの単語の前は必ずスペースを空けます。**

한국에 갈 수 있어요
음악을 듣는 것을 좋아해요

5　補助用言は分かち書きをするのが原則だが、しないことも多い

　日本語の「（～して）みる」「（～して）しまう」「（～して）あげる」などに該当する「(~ 해) 보다」「(~ 해) 버리다」「(~ 해) 주다」などを「補助用言」と言います。これらの言葉の前はスペースを空けるのが一応原則となっていますが、空けずに書くことも許容されています。

한국에 가 보다 / 한국에 가보다
방을 나가 버리다 / 방을 나가버리다
문을 열어 주다 / 문을 열어주다

　まずは基本の大原則をしっかり理解して、使いこなせるようになりましょう。新聞記事や教科書など何でもいいので、韓国語で書いてある文章を書き写すのも、分かち書きのルールを理解するのに効果的な練習法です。

※1 「남궁（南宮）」のように二文字の姓を持つ人もいますが、あくまでも例外中の例外です

**아버지가 방에
들어가신다**
お父さんが部屋に入る

**아버지 가방에
들어가신다**
お父さん、カバンに入る

分かち書きする位置でこんなに意味が違う

コツ **13** 助詞の使い方はほぼ日本語と同じ。例外だけ注意する

第2章 文法編

　日本語と韓国語はよく似ていると言われますが、文法面で最も似ている点と言えば「助詞の存在」ではないでしょうか。

　助詞は「私が」「私を」「私の」のように名詞の後について、その**単語が文章全体の中でどのような役割をしているのかを示すナビゲーター**のような役割をしています。
「私は渋谷で友達と映画を見ました」であれ、「私は友達と映画を渋谷で見ました」であれ、同じイメージを頭に浮かべることができますよね？
　しかし、助詞を間違えて「映画で渋谷の友達を見ました」と言った瞬間、頭に浮かぶイメージはまったく違うものになってしまいます。日本語の中で助詞がいかに重要な役割をしているかわかっていただけたでしょうか？

　さて、韓国語の助詞も日本語の助詞とそっくりの役割を担っています。つまり、「나는 시부야에서 친구와 영화를 봤어요（私は渋谷で友達と映画を見ました）」であれ、「나는 친구와 영화를 시부야에서 봤어요（私は友達と映画を渋谷で見ました）」であれ意味は同じです。
　この助詞のおかげで、日本語ネイティブと韓国語ネイティブはかなり微妙なニュアンスの違いまで共有することができます。
　たとえば、デートの翌日に感想を求められて「あの人、性格がい

いよ」と言うのと「あの人、性格はいいよ」と言うのではだいぶ印象が違いますよね？　これとまったく同じ感覚が「그 사람 성격이 좋아요」「그 사람 성격은 좋아요」の間には存在します。

■助詞の例外は覚えてしまうのが早い！

　ありがたいことに、日本語の助詞と韓国語の助詞は大部分相互に対応しており、**日本語式の発想でも通じることがほとんど**です。しかし、中には日本語とちょっと違う使われ方をする助詞もあります。

　たとえば日本語では「好き／嫌い」という言葉の前には「が」を使うことが多いですが、これに対応する韓国語の「좋다／싫다」には日本語の「を」にあたる「을／를」が使われます。

　ただこのような例外は決して多くありません。代表的なものを下にまとめてみましたので、例外として覚えてしまいましょう。

▶覚えておきたい助詞の例外

助詞	日本語式	韓国語式の助詞
〜が	〜が好き／嫌い	〜を好き／嫌い 〜을／를 좋아하다 〜을／를 싫어하다
	例文　**나는 김치를 아주 좋아한다** 私はキムチがとても好きだ	
〜が	〜が得意／苦手	〜を得意／苦手 〜을／를 잘하다 〜을／를 못하다
	例文　**그녀는 수학을 못한다** 彼女は数学が苦手だ	

~が	~が欲しい	~を欲しい ~가지고(찾고) 싶다 ~를 가지고(갖고) 싶다
	例文 **나도 차를 가지고 싶다** 僕も車が欲しい	
~が	~がしたい	~をしたい ~을/를 하고 싶다
	例文 **한국에서 소주를 마시고 싶다** 韓国でお酒が飲みたい	
~は	~は+疑問詞	~が+疑問詞 ~가 +疑問詞
	例文 **이름이 뭐예요? 주소가 어디예요?** 名前は何ですか？住所はどこですか？	
~に	~に乗る	~を乗る ~을/를 타다
	例文 **비행기를 타고 2시간 걸린다** 飛行機に乗って2時間かかる	
~に	~に会う	~を会う ~을/를 만나다
	例文 **명동에서 남자친구를 만난다** 明洞で彼氏に会う	
~に	~に似る	~を似る ~을/를 닮다
	例文 **나는 어머니를 많이 닮았다** 私は母によく似ている	

～に	(方向)に	～(方向)へ ～(으)로
	例文 여기서 오른쪽으로 가면 돼요 ここで右に行けばいいです	
～の	100点満点の	100点満点に 100점 만점에
	例文 100점 만점에 99점이다 100点満点の99点だ	
～の	(属性)の	～(属性)である ～(属性)인※
	例文 회사 동료인 김순희 씨 会社の同僚のキム・スニさん	

※厳密には助詞ではなく、韓国語では指定詞の連体形という扱いです

コツ 14 | 省かれる助詞と省かれない助詞の見極め方を知る

「私はアイスクリームが好きです」を「私アイスクリーム好きです」と言うように、日本語ではカジュアルな会話などでは助詞を省略して話すことが多いですよね。

　このような助詞の省略においても日本語と韓国語は驚くほど似ています。つまり「나는 아이스크림을 좋아해요（私はアイスクリームが好きです）」の「는」「을」を省略して、「나 아이스크림 좋아해요（私アイスクリーム好きです）」と言うことも可能だということです。

■所有や所属や属性を表す「～의」は省略してOK

　だからといってすべての助詞が省略可能なわけではありません。それぞれの助詞の「省かれ度」をまとめてみました。

　助詞が省かれる基準については、じつは日本語の助詞と共通する部分が多いのですが、中には日本語と事情が異なるものもあるので補足説明しますね。

1 ～의（～の）

　表の「우리（의）아빠 회사 사장님（私の父の会社の社長）のほか、「나의 가방（私のかばん）」などのように、韓国語では**所有や所属や属性を表す「～의」**は非常によく省略されます。ですが、日本語の場合はこのような「～の」はなかなか省略されませんよね。ですが、韓国語は「私の父の会社の社長」も「私父会社社長」のような言い

方になるのが普通です。

　ただし、韓国語でも「東京大学」と「東京の大学」のように区別する必要がある場合は、「도쿄대학」「도쿄의 대학」のように「의」をつけることで区別します。

▶ 省かれる助詞

省かれ度	助詞	例文
★★★★ （非常によく省かれる）	～의（～の）	우리 (의) 아빠 회사 사장님 私の父の会社の社長
★★★ （よく省かれる）	～은/는（～は） ～이/가（～が） ～을/를（～を） ～에（〈場所〉に）	나 (는) 안 가요 私（は）行きません 돈 (이) 많아요 お金（が）多いです 이거 (를) 먹어요 これ（を）食べます 한국 (에) 갈 거예요 韓国（に）行くでしょう
★★ （たまに省かれる）	～에게（한테） （〈相手〉に）	나 (에게) 줘 私（に）ちょうだい
★ （省かれない）	～에（〈時間〉に） ～에서（〈場所〉で） ～(으)로 （〈道具・手段〉で） などその他	6 시에 만나요 6時に会います 명동에서 놀아요 明洞で遊びます 차로 왔어요 車で来ました

2 〜에（〜に）

「〜에」は「일본에（日本に）」のように場所を表す言葉につく場合と、「6시에（6時に）」のように時間を表す言葉につく場合があります。このうち、場所を表す言葉につく場合は「일본 가요（日本行きます）」のように日本語と同様の省略が可能なのですが、**時間を表す言葉につく場合**は、「어제（昨日），오늘（今日），내일（明日）」以外、「〜에」を省略しません。

つまり、「来年会いましょう」「朝何を食べますか？」と言いたいときは「来年に会いましょう（내년에 만나요）」「朝に何を食べますか？（아침에 뭘 먹어요？）」のような表現を使うことになります。

複雑に見えるさまざまな文型も、結局のところ3タイプしかない

　韓国語の会話フレーズ集などの本を読むと、動詞や形容詞がさまざまな変化をすることに気づきます。一見、ルールがあるようでないような……。

　動詞や形容詞などの用言は、どんな外国語でもなかなか習得が大変な部分です。言葉の形が現在形か過去形か、どんな意味合いで使われているのかによってさまざまに変化するからです。

　たとえば日本語でも、「飲む」「食べる」「する」という動詞は状況によって右の表のように変化します。

　これらの活用は日本語ネイティブにとってはあたりまえのことなのですが、外国人に日本語を教えるとなると、このように変化するメカニズムを知らなくてはいけません。

　同時に、僕たちが外国語を習得する場合もこのメカニズムを知ることがとても重要で、**知ってはじめてその言語を操ることができる**と言えます。

　動詞や形容詞の活用についてはちょっと本腰を入れて取り組んでいただきたいところ。避けては通れない部分です。

▶日本語の動詞の活用

原型	飲む	食べる	する
否定	飲まない	食べない	しない
願望	飲みたい	食べたい	したい
＋名詞	飲む人	食べる人	する人
仮定	飲めば	食べれば	すれば
意志	飲もう	食べよう	しよう
過去	飲んだ	食べた	した

■すべての活用の基本になる「語幹」

では、韓国語ではどのように変化するのか？

韓国語の用言（動詞や形容詞など）とのおつきあいで外国人がまず注目すべきは、語幹の最後のハングルです。

語幹というのは動詞や形容詞の原型から「다」をとった部分のこと。「가다」なら「가」、「먹다」なら「먹」が語幹にあたります。この語幹のタイプが活用のカギを握っています。

語幹を見るときのポイントは、次の2つです。

1 語幹の最後にパッチムがついているかどうか
2 語幹の最後の母音のタイプはどうか（陽母音か陰母音か）

たとえば「가다（行く）」。これは語幹が「가」ですから、「パッチムなし」で「陽母音」タイプの動詞になります。

「먹다（食べる）」の場合は語幹が「먹」。「ㄱパッチムあり」で「陰母音」タイプの動詞ということです。

[パッチムなし]　　　[パッチムあり]

陽母音　　　　　　　陰母音

가 다　　먹 다

さまざまな活用があるように思えますが、じつは韓国語の用言の活用は次の３つのタイプに分けられます。

Ⅰ　語幹の形に関わらず同じように活用するもの
Ⅱ　語幹の最後のパッチムの有無によって活用のタイプが異なるもの
Ⅲ　語幹の最後の母音のタイプによって活用のタイプが異なるもの

ざっくり言うと、上から順に「１番簡単なタイプ」「２番目に簡単なタイプ」「３番目に簡単な（最もややこしい）タイプ」とも言えます。

新しいフレーズに出会ったとき、まずは上の３つのどのタイプに該当するかをチェックしましょう。それがわかればパターンに合わせて活用していけばいいのでラクチンです。

次の項目では、ここに示した３タイプの活用パターンやどんな点に注意すべきなのかを一つひとつ見ていきましょう。

コツ 16 | 文型 I タイプは語尾をとり、 II タイプはパッチムのある、なしを見る

動詞の活用3タイプの中で一番簡単なのが I タイプ。なにしろ、**語幹にパッチムがあろうがなかろうが、陽母音だろうが陰母音だろうが、語尾の「다」さえ取れば作れてしまう**からです。

I タイプの代表的な文型は、願望を表す「-고 싶다（〜たい）」。これは動詞の「먹다（食べる）」が「먹고 싶다」になるように「다」をとってつけるだけです。形容詞「예쁘다（綺麗だ）」もそのまま「예쁘고 싶다」になります。I タイプはラクチンです。

[動詞・パッチムあり]

❶ 먹다 ——語尾をとる——→ 먹 〔語幹〕

❷ 먹 + -고 싶다 → 먹고 싶다（そのままつける）

[形容詞・パッチムなし]

❶ 예쁘다 ——語尾をとる——→ 예쁘 〔語幹〕

❷ 예쁘 + -고 싶다 → 예쁘고 싶다（そのままつける）

■Ⅱタイプはパッチムの有無がポイント

Ⅱタイプは語幹の最後に「パッチムがあるかどうか」がポイントです。それによって、活用するときの形が変化します。

「사다（買う）」の場合は語幹が「사」なのでパッチムなし。「먹다（食べる）」の場合は語幹が「먹」なのでパッチムありです。

パッチムありの用言には「으」がつく、これがⅡタイプのお決まりパターン。「먹다」の「먹」に「으」がついて「먹으（発音は[머그]）」になります。形容詞の場合も同じです。

K-POPや韓国ドラマで、語尾が「-(으)니까（〜から）」という歌詞やセリフを耳にしたことはないでしょうか？　これは理由などを表す文型で代表的なⅡタイプです。

まず動詞から見てみましょう。

パッチムなしの「사다（買う）」は「사니까」に、パッチムありの「먹다（食べる）」は「먹으니까」と活用します。

[パッチムなし]

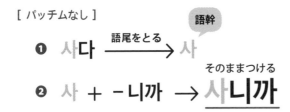

❶ 사다 ──語尾をとる──→ 사　**語幹**

❷ 사 ＋ ー니까 → 사니까　そのままつける

[パッチムあり]

❶ 먹다 ──語尾をとる──→ 먹　**語幹**

❷ 먹 ＋ ー으니까 → 먹으니까　으を加えて니까をつける

形容詞についても同じです。「크다（大きい）」はパッチムなしなので「크니까」、「작다（小さい）」はパッチムありなので「작으니까」と活用します。

[パッチムなし]

❶ 크다 ──語尾をとる──→ 크 **語幹**

❷ 크 ＋ －니까 → <u>크니까</u> そのままつける

[パッチムあり]

❶ 작다 ──語尾をとる──→ 작 **語幹**

❷ 작다 ＋ －으니까 → 작<u>으니까</u> 으を加えて니까をつける

　このタイプの活用は動詞の過去連体形（먹은 사람＝食べた人）や未来連体形（살 사람＝これから買う人）、そして形容詞の現在連体形（큰 사람＝大きな人）といった文型に関わってくるため、使用頻度が非常に高いです。

　大事なことなので繰り返しますが、**語幹の最後に「パッチムがあるかどうか」**。それがポイントです。

■語幹の最後の「ㄹ」パッチムに要注意！

　Ⅱタイプでちょっと気をつけてほしいのが、語幹の最後のハングルに「ㄹ」パッチムがついているものです。たとえば「살다（生きる・

住む）、「놀다（遊ぶ）」などです。

　これらの用言はいったん「ㄹ」がとれた状態になってから、パッチムなしのものと同じ活用パターンになります。「살다」に「-(으)니까」をつけると「사니까」になります。

　そのため、「사다（買う）」と「살다」の区別が文字の上ではなくなってしまい、「살 사람」と言ったとき 「買う人」なのか「住む人」なのか判断できないようなことが起こります。

　そのような場合は仕方がないので文脈から察する、ということになります。

コツ 17 | 山場は文型Ⅲタイプ。語幹が「陽」か「陰」かとにかくここに注目

あともう一息です。頑張りましょう！

用言の活用の中で、一番の山場がⅢタイプです。今まで学んだ3つのタイプの中で一番むずかしく、しかも実際の会話における使用頻度は一番高いというのだから、本当にやっかいですね。

しかし、逆に考えるとこの峠さえなんとか乗り切れば、韓国語の表現力が爆発的に増えるということでもあるので、なんとか頑張ってほしいものです。

■語幹最後の母音が「ㅏ,ㅗ」かそれ以外か

さて、Ⅲタイプで重要になってくるのは「語幹の最後の母音が陽母音か陰母音か」ということ。

▶陽母音か陰母音かの見分け方

韓国語	語幹	語幹の最後の母音	結論
가다（行く）	가	ㅏ	陽母音
마시다（飲む）	마시	ㅣ	陰母音
보다（見る）	보	ㅗ	陽母音
죽다（死ぬ）	죽	ㅜ	陰母音

いったい何のこと？　と思うかもしれませんが、要は**「語幹の最後の母音がㅏ，ㅗなのか、そうでないのか」**ということです。ㅏかㅗなら陽母音、それ以外なら陰母音だと思ってください。ちなみに、ㅑやㅛもそれぞれㅏとㅗの仲間として考えるので陽母音です。

語幹の最後が陽母音の用言には「아」の音が、陰母音の用言には「어」の音がくっつくのがこのタイプの特徴です。

語幹の最後にパッチムがない場合は、音が合成されて二重母音になったりもします（右ページ参照）。

他の２タイプに比べるとなかなかむずかしいⅢタイプですが、ていねいな話し方の基本である「해요体」や「過去形」を作るためにはマスター必須。その他にも日本語の「～てみる」「～てあげる」「～てしまう」にあたる複合動詞もこのⅢタイプで作られることが多いです。

慣れてしまえば自然にできるようになりますので、何度も何度も練習してみましょう。

どの文型がどのタイプの活用をするのか混乱してしまう……という悩みをよく聞きますので、巻末に使用頻度の高い文型をタイプ別にまとめました（177ページ～）。

韓国語を学んでいくうちにさまざまな文型が出てくるので、その都度３つのタイプに分類して把握していくと、理解の上で整理できます。

▶母音による変化のしかた

分類	母音	変化後	例
陽母音	ㅏ	ㅏ+ㅏ→ㅏ	가다(行く)→가
	ㅗ	ㅗ+ㅏ→ㅘ	보다(見る)→봐
陰母音※1	ㅣ	ㅣ+ㅓ→ㅕ	마시다(飲む)→마셔
	ㅜ	ㅜ+ㅓ→ㅝ	주다(あげる)→줘
	ㅔ	ㅔ+ㅓ→ㅔ	세다(強い)→세
	ㅐ	ㅐ+ㅓ→ㅐ	헤매다(迷う)→헤매
	ㅓ	ㅓ+ㅓ→ㅓ	서다(立つ)→서
パッチムつき陽母音		+아	받다(もらう)→받아
パッチムつき陰母音		+어	먹다(食べる)→먹어

※1 語幹最後の母音が「ㅡ」のものは「으変則活用」「ㄹ変則活用」で後ほど詳しく述べます

陽母音は
2つだけ！

ㅏの
仲間

ㅗの
仲間

変則活用は「レア度」に注目して覚えると早い！

「잡다（つかむ）」の해요体はそのまま素直に「잡아요」になります。でも同じㅂパッチムの語幹でも「춥다（寒い）」の해요体は「ㅂ」が「우」になって「추워요」……いったいなんで？？

　初級の勉強がある程度進んだところでみんながぶつかる「変則活用の壁」。それも一つや二つならまだしも、「ㅂ変則」「ㅎ変則」「ㅅ変則」「ㄷ変則」……。行けども行けども変則のオンパレードで頭が消化不良を起こして爆発してしまいそうになります。

　韓国語の変則活用をマスターするには、まず「変なのが変なのか」それとも「変なのが普通なのか」に分けるのがてっとり早いです。
　言い方を変えると「特殊な場合だけ変則的な活用をするのか」「いつも変則的な活用をするのか」ということです。
　前者であれば、その特殊な場合を一つひとつ覚えたほうがいいですし、後者であれば変則活用のルールとパターンを習得するのが時間の節約になります。
　そう、ややこしい変則活用を覚えるには、「変則のレア度」に注目するのが得策なのです。

■ややこしい変則活用にもルールはある

　韓国人の子どもたちはこの複雑怪奇な変則活用をどのようにしてマスターするのか？　不思議ですよね。

　じつは韓国人はそもそも変則や正則という概念そのものがありません。周りの大人たちが動詞や形容詞をさまざまな形に活用して話しているのを聞いているうちに丸暗記してしまうため、ルールに関してはまったくと言っていいほど無自覚です。

　だから外国人が「これってどうなってるの？」と聞いても「はて？　そういえば変だな……なんでなんだ??」と自分たちが逆に混乱してしまいます。

　これは何も韓国語だけに限った話ではなく、日本人だって日本語文法の仕組みをしっかり理解して話しているわけではありません。幼いころに学ぶ母語と、成長してから学ぶ外国語では、習得のための道筋が根本的に異なるのです。

　もちろん、成長してからも動画やドラマをずっと見ているうちに、知らず知らずのうちに動詞や形容詞の活用をマスターしてしまう人もいますが、それが自然にできるのもせいぜい思春期のころまで。それを過ぎると、**理論的にルールとして習得するほうが効率的**です。

　ここからしばらくページを割いて、変則活用のルールを以下の3つに分けて解説していきます。

・いつも変則活用するもの
　→レア度★（コツ19）
・変則活用したりしなかったりするもの
　→レア★★（コツ20）
・理屈抜きで覚えたほうが早いもの
　→レア度★★★（コツ21）

コツ 19 ┃ ㅂ、으、르の変則は おもに文型Ⅲタイプの 変化に注意する！

では、いつも変則活用する用言（動詞や形容詞など）、いわゆるレア度★から始めましょう。このカテゴリーにあてはまるのは、ㅂ変則、으変則、르変則の３つです。

・ㅂ変則

韓国語には「맵다（辛い）」「춥다（寒い）」など語幹が「ㅂ」パッチムで終わるものがたくさんあります。これらのうち、とくに**形容詞はほぼ間違いなく「ㅂ」が「우」の形に変わる変則活用**だと思って大丈夫！　以下のように活用します。

▶ ㅂ変則（ㅂがとれて、우に変わる）

単語	-고 （Ⅰタイプ）	-(으) 면 （Ⅱタイプ）	-아 /어요 （Ⅲタイプ）
맵다(辛い)	맵고	우に変わる **매우면** ㅂがとれて	우に変わる **매워요** ㅂがとれて
춥다(寒い)	춥고	추우면	추워요

ただし、形容詞の中でも例外が一つ。「좁다（狭い）」だけは正則活用（69ページ参照。語幹に応じて아、어をつける）します。

一方、입다（着る）, 잡다（つかむ）, 굽다（曲がる）, 뽑다（抜きとる）などの ㅂ がつく**動詞はというと……形容詞と違い正則活用することが多い**です。

・으変則

으変則は III タイプの活用のみ、**変則活用**します。なので、ここだけ注意すれば大丈夫！

語幹の最後の母音が「ㅡ」（쓰や쁘などもこれにあたります）であれば、III タイプの活用（-아 / 어）のときに「ㅡ」の直前の音節が陽母音なら「ㅏ」、陰母音なら「ㅓ」になります。

下の例の「쓰다」のように、語幹が 1 音節（ハングル一つ）の場合も「ㅓ」になります。例外はありません。

▶ 으変則（ㅡがとれて、ㅏかㅓがつく）

単語		-아 /어요（III タイプ）
語幹が1音節 쓰다（書く）		ㅓがつく 써요 ㅡがとれて
바쁘다（忙しい）	바だから 陽母音	ㅏがつく 바빠요 ㅡがとれて
예쁘다（綺麗だ）	예だから 陰母音	ㅓがつく 예뻐요 ㅡがとれて

・르変則

르変則もⅢタイプのみ変則活用します。語幹の最後が「르」であれば、Ⅲタイプの活用（-아/어）のときに「르」直前の音節に「ㄹ」パッチムが追加され、「르」の直前が陽母音なら「라요」、陰母音なら「러요」になります。

▶ 르変則（ㄹがついて、르が라か러に変わる）

単語	母音	-아/어요（Ⅲタイプ）
모르다 （知らない）	모だから 陽母音	르が라になる 몰라요 ㄹがついて
부르다（歌う）	부だから 陰母音	르が러になる 불러요 ㄹがついて

語幹の最後が「르」の場合で、以下の２つだけは으変則活用（前ページ）します。つまり、**これ以外のⅢタイプは、すべて르変則活用と覚えてしまうとラク！** ということです。

따르다（従う）→따라요
치르다（[代償を] 支払う）→치러요

コツ 20 | やっかいなのはこの２つ！ ㄷとㅅの変則はよく使う 用言のみ押さえる

　原則どおり活用するものも、変則的な活用をするものもそれなり
にあって、しかも使用頻度もなかなか高いのがレア度★★の用言
（動詞や形容詞など）です。

　このタイプについては残念ながら、結局一つひとつ覚えるしかな
いので、ある意味最もやっかい！　これにあてはまるのがㄷ変則と
ㅅ変則です。

　習得するためのコツを強いて挙げるなら、原型にこだわらず活用
した形ごと頭と口に馴染ませよう！　ということでしょうか。

・ㄷ変則

　語幹の最後にㄷパッチムがついている動詞や形容詞の中には、
「ㄷ」が「ㄹ」に変化するものが結構あります。これが、ㄷ変則です。

　次のページにㄷ変則活用をする代表的な例を使用頻度別に挙げて
みました。とくに「듣다（聞く）」「걷다（歩く）」は日常会話でもと
てもよく使うのでしっかり覚えておきましょう。

▶ 変則活用（ㄷがとれてㄹに変わる）

使用頻度	原型	- 고 （Ⅰタイプ）	-(으)면 （Ⅱタイプ）	- 아 / 어요 （Ⅲタイプ）
			ㄷがとれて ㄹに変わる	ㄷがとれて ㄹに変わる
高	듣다(聞く) 걷다(歩く)	듣고 걷고	들으면 걸으면	들어요 걸어요
中	묻다(尋ねる)	묻고	물으면	물어요
低	깨닫다(悟る) 싣다(荷物を積む)	깨닫고 싣고	깨달으면 실으면	깨달아요 실어요

　以下は正則活用する動詞や形容詞の例です。こちらも使用頻度別に紹介しましょう。

▶ 正則活用（ㄷはそのまま）

使用頻度	原型	- 고 （Ⅰタイプ）	-(으)면 （Ⅱタイプ）	- 아 / 어요 （Ⅲタイプ）
			ㄷはそのまま ㄹはつかない	ㄷはそのまま ㄹはつかない
高	믿다(信じる) 받다(もらう) 닫다(閉じる)	믿고 받고 닫고	믿으면 받으면 닫으면	믿어요 받아요 닫아요
中	얻다(得る) 묻다(埋める) 쏟다(注ぐ)	얻고 묻고 쏟고	얻으면 묻으면 쏟으면	얻어요 묻어요 쏟아요
低	곧다(まっすぐだ)	곧고	곧으면	곧아요

・ㅅ変則

　語幹の最後にㅅパッチムがついている用言の中には、活用するときに「ㅅ」が消えてしまうものがあります。

　使用頻度の高い用言は正則活用するものが多いので、ㅅパッチム語幹の活用は**「基本的には原則どおり」**と覚えておいて、変則活用するもののうち使用頻度が高いものをいくつか頭に入れておけば問題ないでしょう。下にまとめた用言はぜひ覚えておいてください。

　変則活用との違いがわかりやすいように、正則活用もご紹介します。

▶変則活用（ㅅがとれる）

使用頻度	原型	- 고 （Ⅰタイプ）	-(으)면 （Ⅱタイプ）	- 아 / 어요 （Ⅲタイプ）
			ㅅがとれる	ㅅがとれる
高	낫다（マシだ）	낫고	나으면	나아요
中	붓다（腫れる） 짓다（建てる、 名づける、 ご飯を炊く）	붓고 짓고	부으면 지으면	부어요 지어요

▶正則活用（ㅅはそのまま）

使用頻度	原型	- 고 （Ⅰタイプ）	-(으)면 （Ⅱタイプ）	- 아 / 어요 （Ⅲタイプ）
			ㅅはそのまま	ㅅはそのまま
高	벗다（脱ぐ） 웃다（笑う） 씻다（洗う）	벗고 웃고 씻고	벗으면 웃으면 씻으면	벗어요 웃어요 씻어요

ㅎ変則はかなりレア！ルール化せず丸ごと覚えるのがラク！

　理屈抜きで覚えたほうが早いのがレア度★★★の用言、ㅎ変則活用です。그렇다, 하다, 되다をまず押さえましょう。

　하다はよく使うので変則的な用言という認識があまりないかもしれませんが、これもれっきとした変則活用する用言の一つです。

・ㅎ変則

　語幹の最後にㅎパッチムを持つ用言のうち、「좋다（よい）」以外の形容詞はちょっと変な活用をします。とくに해요体（Ⅲタイプ）で「ㅐ」の母音になるのが特徴的です。

　その代表が「그렇다（そうだ）」です。語彙数自体が少ないですので、理屈抜きに覚えてしまいましょう。Ⅱタイプの活用では「ㅎ」

▶ ㅎ変則活用（Ⅱ、Ⅲ：ㅎパッチムがとれる、Ⅲ：「ㅐ」母音に変わる）

原型	-고 （Ⅰタイプ）	-(으)면 （Ⅱタイプ）	- 아 / 어요 （Ⅲタイプ）
		ㅎがとれる	ㅎがとれて ㅐがつく
그렇다（そうだ）	그렇고	그러면	그래요
빨갛다（赤い）	빨갛고	빨가면	빨개요
파랗다（青い）	파랗고	파라면	파래요
노랗다（黄色い）	노랗고	노라면	노래요
까맣다（黒い）	까맣고	까마면	까매요
하얗다（白い）	하얗고	하야면	하얘요

が消え、Ⅲタイプの活用ではさらに「ㅐ」母音に変わります。

■全用言の中で覚えておきたい5つの単語

　これまで紹介してきた変則活用の他に理屈抜きで覚えたほうが早い用言をピックアップしてみました。この中でも「하다（する）」はダントツの使用頻度ですので、ぜひマスターしましょう。

▶ とにかく覚えよう

使用頻度	原型	- 고 （Ⅰタイプ）	-（으）면 （Ⅱタイプ）	- 아 / 어요 （Ⅲタイプ）
高	하다（する） 되다（なる）	하고 되고	하면 되면	ㅐになる 해요 돼요
中	뵙다 （お目にかかる） 이르다 （〈ある状態や場所 などに〉達する）	뵙고 이르고	ㅂがとれる 뵈면 이르면	ㅂがとれて ㅐになる 봬요 이르러요 러が入る
低	푸다（水を汲む）	푸고	푸면	퍼요 ㅜがとれて ㅓがつく

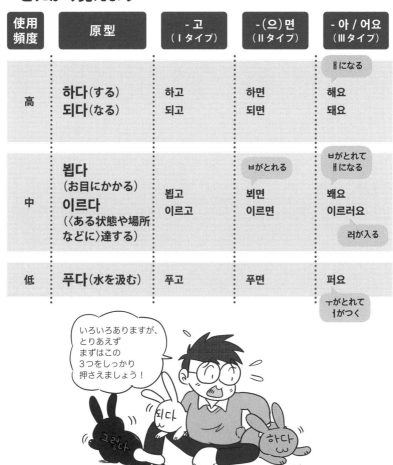

いろいろありますが、とりあえずまずはこの3つをしっかり押さえましょう！

그렇다　되다　하다

「되と돼の書き分けに迷う」問題は、「하다」の力を借りて解決

「なる」という意味を持つ「되다」は、非常に幅広い場面で多用される動詞の一つですが、前の項でも述べたように変則的に活用します。

Ⅰ、Ⅱタイプの活用のときは「되고」「되면」のように「되」の形に、Ⅲタイプの活用のときは「돼요」のように「돼」の形になります。

この「되」と「돼」は発音上まったく違いがないため、話したり聞いたりするときにはとくに問題がないのですが、いざ書こうとすると、「あれ、되세요だっけ？ 돼세요だっけ？」と迷ってしまうことがあります。

じつはこれ、外国人だけではなく、韓国語ネイティブの中にもスペルを間違って書いている人が少なくないんです。

■「되다」の活用に迷ったときは「하다」に置き換える

この問題は他の動詞の力を借りることで意外とすんなり解決します。その動詞というのは**おなじみの「하다」**。「～する」という意味なので、あらゆる動詞の基本となる動詞、いわば「キングオブ動詞」ですよね。

この「하다」も「되다」と同様に、Ⅲタイプの活用で「해요」になる、じつは変則動詞だというのは前の項でお伝えしたとおり。

しかし使用される頻度が圧倒的に高いため、「되다」に比べて変則活用された音に馴染みがあります。この特性を利用します。

つまり、「하다」に置き換えて**「하」の音がするものは「되」のま**

ま。「해」の音がするものは「돼」になるということです。

　たとえば、「- 하고（〜して）」と言うときは「하」なので、「- 되고（〜なって、されて）」になります。

「- 하세요（〜してください）」もやはり「하」ですから、「되」のまま「- 되세요（〜なってください）」と書きます。

　でも「해요（します）」「했어요（しました）」「해 보다（してみる）」の場合は「해」の音になっていますよね？　こういう場合は「되→돼」になるので、「돼요（なります）」「됐어요（なりました）」「돼 보다（なってみる）」と書けばいいというわけです。

　「되다」の活用に迷った時は「하다」に置き換えて考える。そう覚えておけばバッチリです！

辞書で調べたくても
原型がわからない…
秘密兵器を使おう

　動詞や形容詞などの用言は、過去形や否定形、可能形などその使われ方によって形がカメレオンのように変化します。そのため、いざ辞書で調べようと思ってもそもそもの原型がわからなくて迷子になってしまうことが多いようです。

　そんなときは、迷うことなく文明の利器の力を借りましょう！　そう、自動翻訳AIの出番です。

　たとえば「얼굴이 하얬다」の「하얬다」という部分がわからなかったとします。でも、辞書で「하얬다」という単語を引いても該当する単語は出てきません。

　そこで、無料の日韓翻訳サイトに「얼굴이 하얬다」という例文を丸ごと打ち込んで翻訳してみます。翻訳の精度はサイトごとに差があるのですが、現段階では韓国のNAVERが提供しているPAPAGOが使い勝手がいい印象です。PC用のサイト（https://papago.naver.com）の他、スマホ用アプリがあります。

　さて、そうすると……ジャーン！
「顔が白かった」という訳が表示されます。そこで「白い」を調べると「하얗다（白い）」であり、「하얬다」は「하얗다（白い）」の活用された形であると知ることができます。

■いかに多くの単語に触れられるか

　あ、な〜るほど。意味もわかったしこれで一件落着！　で終わるのはもったいないです。単に韓国語の文章を読むことだけが目的ならそれでもいいのですが、みなさんは韓国語学習者。さらに一歩進んで、この結果から今後の韓国語学習に役立つ知識をゲットしなくてはいけません。

　たとえばこの場合は「하얗다」のⅢタイプの活用形が「하얘」であるのなら、「白くて」は「하얘서」に、「白くても」は「하얘도」になることを知ることができますよね。

　それなら同じようにパッチムを持っている「빨갛다（赤い）」や「까맣다（黒い）」はどうなるんだろう？　などなど…。
「一を聞いて十を知る」ではありませんが、AIの助けを得て獲得した解答をさらに応用して、さまざまなケースに対応できるように好奇心を発揮してみましょう！

　こうして原型を知れば、今度は自分がその単語を使って会話したり、作文したりするときに応用できますよね。

　韓国語教師の中には学習者がAIなどの自動翻訳を使うことを、学習の妨げになると嫌う人も少なくないのですが、AIは使い方によっては、以前なら不可能だった新しい勉強法の可能性を広げてくれる素晴らしいツールになり得ます。せっかくこんなに便利な時代に生きているのですから、使えるものはちゃっかり使って効率よく韓国語を学んでいきましょう！

　ちなみに……「じゃあ紙の辞書はいらないの？」という人もいるかもしれませんね。紙の辞書は紙の辞書で、利点があります。

　それは「周辺の情報が目に入ること」。ネット辞書の場合は目当

の単語だけが表示されますが、紙の辞書の場合、たとえば「日本（日本）」を調べようと思うと、その近くにある「일보（日報）」や「일부러（わざわざ）」などの単語も目に入ります。「へえ、こんな単語もあるんだ」と楽しく覚えることができますし、思い出すときも「たしかあの単語の近くにあったから……」と手がかりにできるのです。

翻訳ソフトもうまく使いこなせば最高の学習ツール！

コツ 24 | 敬語と「パンマル」の使い分けのポイントは韓国ドラマに学ぶ

　日本語と同様、韓国語にもていねいな言い方（チョンデンマル）と、くだけた言い方（パンマル）があります。目上の人にパンマルを使ってしまうと失礼になりますし、かといって、いつでもチョンデンマルを使うというのも心理的な距離感を感じさせてしまい、なかなか打ち解けた関係を作りにくかったりします。

　言葉遣いのチョイスに影響を与える要素としては大きく**「上下関係」**と**「親密さ」**の２つがあります。

　「上下関係」というのは年齢や社会的地位などによって決まるタテの力関係です。年齢が上のほうが強く、社会的地位が高いとされているほうが強くなる傾向にあります。

　「親密さ」は、自分と相手との心理的な繋がりがどれほど密接かというヨコの関係です。よそよそしい間柄であればあるほどていねいな言い方が、親密であればあるほどくだけた言い方が使われる傾向にあります。

　そして実際の会話では、この２つの要素が複雑にからみあいながら、言葉遣いが決定されていきます。その際、一般的に言って**日本語では「親密さ」のほうが優先され、反対に韓国語では「上下関係」のほうが優先される**傾向があるようです。

　たとえば、近所に子どものころからお世話になっている豆腐屋さんがあって、そこのおばあちゃんと言葉を交わすようなシチュエー

ションを想像してみましょう。

　日本であれば「おばあちゃん、元気？」とか「今日は忙しい？」
のようにくだけた言い方をしても別に変ではありませんよね？

　でも韓国語では「할머니 잘 계세요（おばあちゃんお元気ですか）？」
とか「오늘 바쁘세요（今日はお忙しいですか）？」のようにていね
いに話すのが普通です。いくら親しくてもおばあちゃんはあくまで
も「目上の人」だからです。

　ただこれはあくまでも全体的な傾向であって、例外的なケースは
いくらでもありますし、その人のキャラクターによっても異なって
きます。

　また同じ上下関係でも「年齢」と「社会的地位」のどちらが優先
されるかなど、なかなかむずかしいことに変わりはありません。

■韓国ドラマで言葉の使い分けの機微を知る

　そんなときにとっても役に立つのが韓国ドラマ。韓国ドラマは日
本のドラマに比べてキャストが多く、とくに主人公やその相手役の
家族もたくさん登場して、まるで網の目のように複雑にからみあっ
た人間模様が描き出されます。

　誰が誰に対してどんなシチュエーションでどんな言葉遣いをして
いるのか、ぜひ注目して見てください。字幕は「自然な日本語」に
するために言葉遣いを変更している場合があるので、**あくまでも韓
国語のセリフを頼りに観察**しましょう。

　そうすると「あれ？　この人のほうが年下なのにパンマル使わな
かった？」「どうしてこんなに親しい間柄なのに改まった言葉遣い

を続けるんだろう」などなど、さまざまな発見があるはずです。

　とくに主人公とその相手役が出会ってカップルになる過程では、チョンデンマルからパンマルに切り替わる瞬間があります。

　いったいどんなきっかけで二人の言葉遣いが変わったのか……。そんなことに注目してドラマを見ると今までは見過ごしていた新たなドキドキポイントに気づけるかもしれません。

韓国語に直訳しにくい言い回しのパターンを知っておく！

　世界の主要言語のうち、韓国語は日本語と最も似ている言語であるため、「韓国語は日本語の直訳でも通じる」という意見も時々見受けられます。果たしてそうでしょうか？

　専門家としては「そんなことはない！」と言いたいところなのですが、体感的には「7〜8割は直訳でもなんとかなる」というのが実際のところです。日本語と韓国語のシンクロ率はそれほど高いものがあります。

　でも残りの2〜3割については、**「日本語では言えるけど韓国語では言えない」**です。

　代表的なものをいくつか下にあげてみましょう。こういった表現は、頭の中でいったん韓国語っぽい言い方に変換するプロセスが必要になります。

1 受け身表現

　日本語は「〜される」「〜てもらう」のように、動作の受け手の視点から述べる表現がよく用いられます。一方、**韓国語は動作主を中心にして話が展開する**ことが多いです。

　とくに「彼氏に笑われた」とか「泥棒に逃げられた」のような「迷惑の受け身」と言われる表現、「朝まで働かされた」のような「使役受け身」は韓国語にありません。次ページの表のように、**主語を**

「された側」から「した側」に大胆に転換する必要があります。

　たとえば「彼氏に笑われた」は「彼氏が（私を）笑った（남자 친구가 나를 보고 웃었다）」のように言い換えることになります。

　日本語の場合は「彼氏に笑われた」だけで、そこに悔しい思いが込められているのを感じとれますが、韓国語ではできません。なので、自分の悔しさをアピールしたいのであれば「彼氏が笑ったのでムカつく（남자 친구가 나를 보고 웃어서 짜증난다）」などの言い方になります。

▶おもな受け身表現

～てもらう	例文 わからない部分を先生に教えてもらった 韓国語っぽい言い方 わからない部分を先生が教えてくれた 韓国語 선생님이 모르는 부분을 가르쳐 주셨다
「○○が××して困った系」の受け身	例文 泥棒に逃げられた／妻に笑われた 韓国語っぽい言い方 泥棒が逃げた／妻が笑った 韓国語 도둑이 도망갔다 / 아내가 웃었다

使役受け身	先生にレポートを書かされた 韓国語っぽい言い方 先生が私にレポートを書かせた 韓国語 **선생님이 내게 레보트를 쓰게 했다**

同じ出来事であっても
どの視点から語るかは
言語によってそれぞれ
傾向が分かれます

同じシーンを
どのアングルから
撮るか、監督によって
好みが異なるような
ものです

日本語の視点（受け手中心）

泥棒に逃げられた

韓国語の視点（動作主中心）

도둑이 도망갔다
（泥棒が逃げた）

2 状態を表す「〜てある」

「お金が落ちている」と「お金を落としてある」はどちらも同じ状態を表す言葉です。けれど、日本語ネイティブなら「落ちている」は状態の単純な説明であるのに対し、「落としてある」のほうは、誰かが何かの意図を持ってわざと作り上げた状態なのだということが感じられますよね。

このような「〜てある」は韓国語に直訳できません。この場合も、下の表のように変換する必要があります。

▶ おもな状態を表す表現

〜てある	**例文** 冷蔵庫にビールが入れてある **韓国語っぽい言い方** 冷蔵庫にビールが入っている 誰かが冷蔵庫にビールを入れた **韓国語** 냉장고 안에 맥주가 들어 있다 누군가가 냉장고 안에 맥주를 넣었다

3 複合動詞

日本語には「食べる＋続ける→食べ続ける」「食べる＋終わる→食べ終わる」のように、**動詞に他の動詞をくっつけることで、意味を拡張する**複合動詞表現がたくさんあります。

これらも韓国語にするときには別の表現に言い換える必要があるものもあります。

▶おもな複合動詞

日本語	例文	韓国語っ ぽい言い方	韓国語
～続ける	書き続ける	ずっと書く	계속 쓰다
～終わる	読み終わる	全部読む	다 읽다
～比べる	飲み比べる	比べて飲む	비교하면서 마시다
～飽きる	食べ飽きる	飽きるほど食べる	질리도록 먹다
～間違える	乗り間違える	間違えて乗る	잘못 타다

［ 僕の韓国語見習い時代 ］

韓国語を勉強するのは変わり者？
そんな時代もありました…

　韓流の「か」の字もなかった20世期末の日本で、韓国語を勉強する大学生ははっきり言って「変わり者」でした。教室の片隅で慣れない手つきでせっせとハングルを書き写している僕を訝しげに見る人も多かったものです。

　今も「韓国語なんて勉強したって役に立たない」と言う人がいますが、「役に立たない」という点で言えば当時は今の比較ではありませんでした。

　しかも時代はカチンコチンの就職氷河期。就活をするわけでもなくひたすら韓国語を勉強する僕の姿は、「変わり者」どころか「怪しい人」に見えたろうと思います。

　しかし、そこには同時に「誰にもわからないことをやっている」という秘め事的な魅力もありました。自分だけがこの愉しみを知っているというゾクゾク感です。

　韓国語がすっかりメジャーになり、「今どきの」高校生や大学生が大勢韓国語を勉強するこの状況を見ながら、韓国語教育者として非常に心強い気持ちになる一方で、あの日のゾクゾク感をふと思い出して、ちょっと寂しいような気持ちになってしまうことがあります。

　僕だけが彼女の魅力を知っていると思っていた、クラスの地味で目立たない女の子が、ふとしたきっかけで脚光を浴び、いつの間にかみんなの人気者になってしまったのを眺めているような、そんな気分がするときがたまにあるのです。

第 3 章

発音編

―韓国語の"音"が通じる、通じないを決める―

韓国語には発音の区別ができないと意味が正確に
伝わらないという特徴があります。
「ㅇ」「ㄴ」パッチムの発音や激音・濃音の違いなど
苦手とする人が多いテーマですが、発音こそちょっと
コツをつかむだけで一気に上達する可能性があります。

コツ 26 | 「애」と「에」の発音区別はどうやって？ じつは極論同じでもいい！

　韓国語を学びはじめて、「え？　母音がアイウエオ以外にもあるの？」と戸惑った人は多いと思います。

　たとえば「오」と「어」はどちらも日本語ネイティブの耳には「オ」のように聞こえますし、「우」と「으」はちょっと違うような感じはするけど結局「ウ」に聞こえてしまいます。

　韓国語の母音をマスターするためには、**「アイウエオ」で凝り固まっている日本語の母音の壁を崩して、韓国語の母音体系を自分の中にインストールする**必要があるのですが、その際にも日本語との共通点と相違点を踏まえてやっていくのが効率的です。

　つまり、しっかり区別すべきところと、別に区別する必要がない母音を分けて考えてみようという話です。

■ハングルは違うけど、結局は同じ音がある

　さて、日本人がどうしても区別できない韓国語の母音に「애」と「에」があります。どちらも、何度聞いても「エ」にしか聞こえませんよね。

　なんとか区別しようとして、聞けば聞くほど自信が削られてしまいます。韓国語ネイティブはこの2つの音をいったいどのように区別しているのでしょうか？

　答えは「区別していない」です。

正確に言うと「昔は区別していたし、今でも頑張れば区別できないこともないけれど、誰も区別する必要を感じていない」でしょうか。

　音声学上は、「애（æ）」と「에（e）」は違う音とされています。しかし、「에」を「애」と発音しても、逆に「애」を「에」と発音しても、そのことを指摘してくる韓国語ネイティブはまずいません。

　これは日本語で「じ」と「ぢ」の音をもはや誰も区別していないのと似ています。

　このように文字は違うけど、結局は同じ音という例はいくつかあります。母音に関するものをちょっと下に書き出してみましょう。

・「자」と「쟈」、「주」と「쥬」など、「ㅈ」の子音を持つハングルの「ㅏ系母音」と「ㅑ系母音」
・「왜」と「웨」と「외」（子音がついても同様）
・「〜の」という意味の助詞で使われる「의」と「에」
・単語の2文字目以降に使われる「의」と「이」
　例：거의（ほとんど）→［거이］

　これらの母音については、日本語ネイティブのみなさんは心配せず同じように発音して大丈夫です。

発音だけでは区別できない！

99

コツ 27 「오」と「어」の発音は「シュッとした오」と「アホな어」を意識

　日本語は「あいうえお」の５母音体系ですが、韓国語ネイティブの聞いている世界の中では母音は「アイウエオ」よりさらに細かく分かれています。

　何かに感動して「おーっ」と言うときの音と、やる気のない生返事をするときの「おお」は、日本語ネイティブにとってはどちらも「オ」ですが、韓国語の世界では違うものです。

　どれぐらい違うかというとフランスパンとチーズケーキくらい、日本酒とワインぐらい、とにかく全然違うものとして韓国語ネイティブには感じられているのです。

　日本語ネイティブにとってこの**「오」と「어」の区別こそが、韓国語母音マスターの最大の難関**です。言い換えると、ここさえクリアできれば90％以上は終わったようなものです。

■ 「오」と「어」の発音と顔の筋肉の関係

「오」と「어」はどのように区別すべきか？

　音に関する感覚は個人差がかなり激しいので万人に通用する説明をするのは至難の技なのですが、僕が今まで発音指導をやってきて効果的だったのは、**「シュッとした오」と「アホな어」**という分け方です。

　「오」を発音するときは、気持ちも顔の筋肉もできるだけ引き締め

てキリリと発音します。そのように意識すると唇の周りも自然と収縮するはずです。その感じで「오,오,오,오,오」と続けて言ってみましょう。これが「シュッとした오」です。

「어」を発音するときは、反対に**気持ちも顔の筋肉もダラーっとだらしなく緩めてリラックス。そうすると自然と口が大きく開きます。**そのまま「어,어,어,어,어」。

おっと、やりすぎてヨダレが垂れないように気をつけて！　なんともアホっぽい顔になりますよね？　これが「アホな어」です。

これを何度も何度も繰り返していると、今まではただの「オ」だったものの間に徐々に仕切りが生まれてくるのを感じると思います。

韓国語を聞くときもこれを意識して、「おや、今のはちょっとシュッとした感じだった」「ちょっとアホな感じの音だった」とやってみてください。

知らず知らずのうちに「アイウエオ」ではない、韓国語ならではの母音体系が自分の中に生まれてくるのを実感できますよ。

シュッとした오

アホな어

平音の発音はちょい低め、プラス濁音にすると伝わりやすい

　日本語には「か（清音）」と「が（濁音）」の２つの音の区別がありますが、韓国語ではこれが「가（平音）」「카（激音）」「까（濃音）」の３つに分かれます。

　しかも、それぞれの音の境界が、日本語と韓国語で重なっている部分もあれば、微妙に異なっている部分もあります。さらに、**これらの音の区別がちゃんとできないと意味が正確に伝わらない**ことが多く、日本語を学ぶ韓国語ネイティブにとっても、韓国語を学ぶ日本語ネイティブにとっても悩ましい問題となっています。

　激音、濃音については後の項目で解説するとして、ここでは韓国語の平音を発音するときのコツを紹介したいと思います。

　日本人にもおなじみの「キムチ」を例に考えてみましょう。

　キムチをハングルで書くと「김치」です。김という平音「ㄱ」ではじまっていますよね。韓国語ネイティブの発音を聞いてみても「キムチ」と聞こえます。

　しかし、**日本語ネイティブが「キムチ」と発音すると、場合によっては韓国語ネイティブの耳には「킴치」、つまり激音として聞き取られることがある**ようです。

　さらに、キムチの英語表記を見ると「Gimchi」となっていることが多いです。

　え？「ギムチ」？　かなり違和感がある表記ですよね？

でも、韓国語ネイティブにとっては、この表記がより正確な発音を表すものに感じられるそうなんです。いったいなぜ？

■韓国ネイティブに通じる「김치」とは？

ヒントを下の表にまとめてみました。

韓国語 ネイティブの発音	日本語ネイティブの耳にはこう聞こえる
김치	キムチ　ときどき　ギムチ
킴치	キムチ

日本語 ネイティブの発音	韓国語ネイティブの耳にはこう聞こえる
キムチ	김치　ときどき　킴치
ギムチ	김치

　このようなズレが生じるのは、**日本語の「キ」と「ギ」を区別する基準と、韓国語の「ㄱ」と「ㅋ」を区別する基準がそもそも異なっているからです。**

　この違いについて詳しく語りはじめると長くなってしまうので、簡単にポイントだけ整理しましょう。

　日本語は「声帯の振動の度合い」、韓国語は「息漏れの度合い」によってそれぞれの音を区別しています。ただ、この2つの異なる

基準は完全に独立的にあるのではなく、「息漏れの度合いが激しくなるにつれて、声帯の振動は少なくなる」など、お互いに微妙にリンクしあっています。

　さて、では確実に平音の「김치」と聞いてもらうためにはどうすればよいのでしょうか？

　それはズバリ**「濁音をちょっと意識する」**ことです。前ページの下の表によると、日本語ネイティブの「キムチ」は「킴치」として聞こえる可能性を排除できません。しかし、「ギムチ」は韓国語ネイティブの耳には確実に「김치」に聞こえます。

　かといって、日本語ネイティブの「ギムチ」そのままでは、何となく違和感のある発音には違いないので、「キムチ」に**軽くひとつまみの濁音を添えるような感覚**がちょうどいいでしょう。

　さらに、平音で始まる単語の場合、**出だしを低めに発音する**と平音として聞き取られやすいです。

　日本語の「キムチ」の感覚のまま発音するとどうしても最初の「김」が高くなってしまいがち。そこは低く抑えて、むしろ「치」のほうを高くする感じで発音してみてください。日本語の「あっち」や「漢字」のようなアクセントで、「김치」！

日本語ネイティブの

キムチ

韓国語ネイティブの

김치

コツ 29 | 冷たい物を飲んで「クーッ!」。激音の発音はこれでうまくいく

激音のポイントはズバリ「息漏れ」です。下の図を見てください。

①が平音の「가」、②が激音の「카」。それぞれ音声分析ソフトで書き出したものです。

「카」を見ると、子音が発音される前になにやらモニョモニョっとした部分があるのがわかりますか？ これは、**子音が発声される前に口から空気だけが漏れている**ことを表しています。いわゆる「息漏れ」です。

韓国語ネイティブはこの長さによって、それが「가（平音）」なのか「카（激音）」なのかを判断しています。この図の場合、その差はわずか0.5秒！ こんなちょっとの違いで激音かどうか決まる

というのは驚きですよね。

■「息漏れ」を意図的に起こす技術

さて、激音の発音のためにはこの息漏れを意図的に起こす必要が
あります。

**サウナ上がりに冷たいものを一気に飲んだときに、思わず「クー
ッ！」と言ってしまう感覚**、あれで練習しましょう。

できるだけ母音の「ウ」を消して、いつもよりちょっとオーバー
な感じで息だけを勢いよく吐き出してみます。それが、「ㅋ」の感
じです。

まずは「ㅋ,ㅋ,ㅋ,ㅋ」と、母音をつけずに息漏れだけで発音す
る練習をしましょう。

そして慣れてきたら次のようにいろんな母音をつけてみましょう。

ㅋ,ㅋ,ㅋ,카
ㅋ,ㅋ,ㅋ,키
ㅋ,ㅋ,ㅋ,쿠
ㅋ,ㅋ,ㅋ,크
ㅋ,ㅋ,ㅋ,케
ㅋ,ㅋ,ㅋ,코
ㅋ,ㅋ,ㅋ,커

要領がわかってきたら、二重母音にもトライしてください。

ㅋ,ㅋ,ㅋ,콰

ㅋ , ㅋ , ㅋ , 퀴

ㅋ , ㅋ , ㅋ , 쾌

ㅋ , ㅋ , ㅋ , 쿼

ㅋ , ㅋ , ㅋ , 킈

「ㅊ , ㅊ , ㅊ , 차 」「ㅌ , ㅌ , ㅌ , 토」「ㅍ , ㅍ , ㅍ , 피」など、さまざま
激音で同じように発音してみましょう。

コツ 30 | 濃音の発音は 小さな「ッ」の直後に 濁音を意識しよう

「平音」「激音」「濃音」の3つの中で、苦手意識を持つ人が最も多いと言われているのが「濃音」です。

「激音」は文字どおり激しく発音することで息漏れが起きてそれらしく聞こえやすいのですが、「濃い音」と言われてもそもそもそれ自体どういうことなのか意味不明ですよね？

濃音のポイントは「緊張」です。105ページに紹介した音声分析ソフトの図をここでも見てみましょう。①が平音の「다」、②が激音の「타」、③が濃音の「따」を表しています。

こうして並べてみると一目瞭然ですが、③の濃音の場合、**音のは**
じまりの部分が大きく広がっているのがわかります。これは、出だ
しのところでパワーが一気に放出されることを表しています。

　目一杯引き絞った弓を一気に放つ感覚とでも言いましょうか、あ
るいは前フリなしに突然「なんでやねん！」と強烈なツッコミが炸
裂している状態とでも言いましょうか……。

　大きなパワーを解放するためには、その前に力の溜め、つまり「緊
張」が必要です。この**緊張を意図的に作り出すことが濃音を発音す**
るためのカギとなります。ですが、これがなかなかむずかしい……。

■「까」の発音は「ッカ」よりも「ッガ」

　日本で出版されている韓国語のテキストには、小さな「ッ」を意
識して発音するように指導しているものが多いです。これはなかな
か的を射た指導ではあるのですが、緊張が解けた瞬間に息が同時に
漏れてしまい、**激音になってしまう**人が後を絶ちません。

　でもこの息漏れを抑えることのできる、とてもよい、しかも日本
語ネイティブならではのマル秘テクニックがあるのです。

　それは**「濁音」を意識する**こと。

　「ッ」の後の音を濁音にするつもりで発音すれば、不思議なことに
激音の息漏れは起きません。

　つまり**「까」の場合、「ッカ」よりも「ッガ」**ぐらいの気持ちで
発音します。

　同様に「따」は「ッダ」、「빠」は「ッバ」、「짜」は「ッジャ」の
ように練習してみてください。

　今まで悩んでいたのが何だったのかと思うぐらい、濃音の感覚を

すんなりマスターすることができるのではないかと思います。

　じつは濃音は韓国語ネイティブの子どもたちが、韓国語を習得するかなり早い段階でマスターする音。その証拠に「까까（お菓子）」「떼찌（メッ！）」など韓国語の幼児語には濃音がたくさん含まれています。

　つまり、それだけ子どもにとっても発音しやすい音ということでもあります。慣れるまではちょっとむずかしいかもしれませんが、感覚をつかめばびっくりするほど簡単に濃音を使いこなせるようになりますよ。

コツ 31 | パッチム発音の合否は終わったときの「口の形」でチェック

　日本語ネイティブの学習者の中には、「パッチムが苦手」という人が少なくありません。その理由はふだん日本語を話しているときにはしないような発音法をするからなのですが、その発音法とはどのようなものなのか？　それを解説する前に、そもそもパッチムとは何なのかということについてちょっと説明しましょう。

　どんな言語であれ、我々が発声する音は「子音」と「母音」で構成されています。

　母音は肺から送られてくる息を口の中で共鳴させて外に開放するときに出る音です。そのときの舌の形によって口の中での共鳴度が変わり、さまざまな母音に変化します。

　舌の位置を固定して息を出すことによって、ずっと同じ母音を出すこともできます。

　つまり、**母音は「継続可能な音」**とも言えます。僕は母音のことをよく「音のリリース（開放）」と説明しています。

　それに対し**子音は基本的に一瞬**です。

　「カ」という音を例に考えてみましょう。「カ」をゆーっくり発音すると、まずのどの奥のほうに何か詰まるような感覚があり、それが「ア」という音とともに開放されるのがわかりますか？（よくわからない！という人、5秒ぐらいかけてゆーっくり、ゆーっくり発

111

音してみてください！）

　この**「のどの奥が詰まるような感覚」こそが子音**です。子音というのは、鼻や口や唇やのどなどの発声気管のどこかで起こる、音を止めたり変質させようとしたりする力のようなものです。

　母音が「音のリリース」であるなら、その反対に**子音は「音のストップ」**と言えるかもしれません。

　子音はそれぞれ、引き起こされる場所が異なります。下のイラストのように、韓国語の場合は「唇」「口の前のほう」「口の後ろのほう」の３種類で考えるとわかりやすいです。

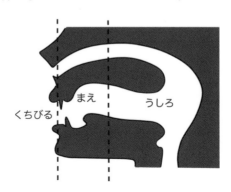

■パッチムの発音＝音をストップさせた状態

さて、前置きが長くなりましたが、パッチムというのも結局は子音の一種です。子音というのは先ほどご説明したように「音のストップ」なので、パッチムで終わる単語を発音したときは、音をストップさせた状態でいる必要があります。

そのとき、ポイントになるのが**発音した後の口の形**です。

例として、「각」「닫」「맘」の発音をしたときの様子をイラストにしてみました。

113

「ストップした状態でキープ」

　繰り返しになりますが、これがパッチムを発音するときの鉄則なのです。けれど、日本語にはこのような発音習慣がほとんどないので、どうしてもむずかしいんですよね。

　パッチムが正しく発音できているかどうかは、発音し終わった瞬間の顔（とくに口の形）を自撮りして、前ページのイラストのようになっているかどうかをチェックしてみてください。

　イラストのようになっていれば、正しい発音ができているということです。

コツ 32 | 「를」発音はじつは簡単。舌は反らせず、そっと添えるだけで完璧

　数あるパッチムのうち、日本語ネイティブが特に苦手なものがいくつかあります。

　その一つが「ㄹパッチム」。日本語の「〜を」に該当する助詞「-을 / 를」が「ルル」みたいになってしまうということ、多いのではないでしょうか？

　この発音は、ㄹパッチムもその子音が作られる位置と形をしっかり把握することで解決できます。

■ㄹパッチムの発音、ポイントは舌の位置

　試しに、次の練習をやってみましょう。

1「ラ〜ラ〜ラ〜ラ〜ラ〜……」と複数の「ラ」をゆっくり発音する

　舌の先が歯茎の裏についたり離れたりを繰り返しているのがわかりますか？

2 1で「ラ」→「ア」に移ろうとする直前、つまり舌がくっついている状態でストップ！

　この位置と感覚が、今まさに「ㄹ」パッチムを発音したときの状態です。

　「ア」を発音した直後に、舌を2の位置に移動して固定する。これが「알」です。「サ」を発音した直後に同様のことを行えば「살」に

なります。

　こんな感じで「달」「잘」「할」などいろいろ試してください。
　慣れてきたら母音を変えて「골」「술」「헐」……。繰り返すうちにじつはㄹパッチムはかなり軽くできる発音だと気づくはず。**舌先を歯茎の裏のほうにそっと添えるだけ**でいいのです。

　英語の「r」のように反り舌にして発音するのをたまに見かけますが、そんなに苦労しなくても大丈夫。なにしろ、舌先は歯茎の裏にそっと添えるだけ！（しつこい）
　苦手な人が多い「를」もじつは簡単。**舌先を歯茎の裏に固定したまま「ㄹ～」と長めに発音する**だけで完璧にできます。
　僕たちは「를」というハングルを見て、「やばい、ㄹが２つある！しっかり２回発音しないと！……ルル！」となってしまうのですが、大事なことなのでもう一度言います。「를」は「長めのㄹ～」です！

コツ 33 ｜ 日本語の「ん」は忘れて！ ○と∟の発音区別はじつは誰でもできる

　日本語ネイティブを最後の最後まで苦しめると言っても過言でないのが「○パッチム」と「∟パッチム」の区別。今この本を読んでいる人の中にもこれに泣かされている人、すごく多いのではないでしょうか？

　なにしろ、いくら耳をすまして聞いてみても、「ん」にしか聞こえない！「방（部屋）」と「반（クラス）」は違うと言われても、どちらも「バン」にしか聞こえない！

　しかも、韓国語ネイティブにとってはかなり重要な違いがあるらしく、**○パッチムなのか∟パッチムなのかによって意味が全然違うものになってしまう言葉のペアが山ほどある**のだから始末に負えません。

　正直に言うと、この２つのパッチムに関しては、20年以上韓国語と関わっている僕でもいまだに聴き取りの際、区別に苦労します。

　とくに相手の顔や口の様子がわからない電話での会話になると、正確に聴き取るのは至難の技。「な～んだ専門家でもそうなんじゃないか」と妙に安心されても困りますが（笑）、**リスニングの難易度はダントツで高い**というのは、事実として知っておいても損はないと思います。

　ただし、自分が発音するとなると話は別。日本語ネイティブであっても、ちゃんと意識してやれば○パッチムと∟パッチムを発音

し分けるのは可能です。

　そのために何よりも大事なのは、**それぞれのパッチムが作られる場所をしっかりと認識**することです。

■それぞれのパッチムが作られる場所を意識

　下のイラストを見てください。

　112ページにも紹介しましたが、韓国語のパッチムにはそれぞれ作られる場所があります。おもに**「唇」「口の前のほう」「口の後ろのほう」**の3つです。

　ㅇパッチムとㄴパッチムの作られる場所を見ると、**ㅇパッチムは舌全体が奥のほうに押し下げられている**のに対し、**ㄴパッチムの場合は舌先が歯の裏にくっついています**。

　練習の順序としては、ㄴパッチムを最初にマスターしたほうが

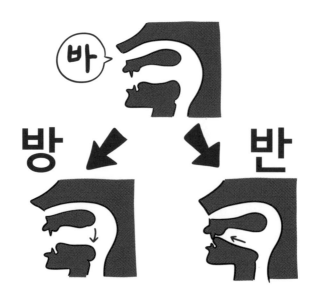

手っ取り早いです。

ㄴパッチムは、まず「아~」と母音を長めに発音して、そのまま舌先を歯の裏にピタッとくっつけて「ん」とフタをします。このとき、舌先が歯と歯の間からチラッと見えるぐらいを意識してやってみましょう。

感覚がわかってきたら「곤」「준」「멘」「현」など、母音や子音をいろいろ変えて練習してみてください。

さて、ㅇパッチムの練習は「音を口の奥で作る」ことを意識する必要があります。

ㅇパッチムは、まず「악」の状態を作ります。のどのあたりで音が詰まっているのを感じますよね？

ここからがちょっとむずかしいのですが、そのまま「ん」という音を出してみてください。**鼻の奥のほうで響くような音が出る**のがわかりますか？　これが典型的なㅇパッチムの音です。

舌を押し下げて声帯を開放してもかまいません。ん～どうでしょう？　うまくできましたか？

■のどの奥を使う感覚をマスターしよう

日本語ネイティブ向けのㅇパッチム練習法として僕が提唱しているのが「鼻つまみ練習法」です。

たとえば「홍대（弘大）」という単語を、鼻をつまんで空気を完全に遮断した状態で発音してみましょう。

もし、そのとき「ホッデ」のように音が詰まった感じがしたら、それは「홍」ではなく**「혿」として発音されている証拠**です。何度も何度もトライして、鼻をつまんだままでも「ホンデ」という音が

確実に出せる場所を探してください。

　のどの奥を使わないとむずかしいはずです。その音がまさに。パッチムの音なのです。

　いずれにしても、言われてすぐ魔法のようにできるようになるタイプの発音ではありません。何度も何度もトライアンドエラーを繰り返しながら練習しましょう。

発音チェックの秘密兵器。スマホの音声認識機能をフル活用する！

さて、ここまでいろんな韓国語の発音のコツについて解説してきましたが、いくら理屈だけ詰めこんだところで、それが実際にちゃんと発音できなければ何の意味もありませんよね。

自分の発音が正しいものなのかどうか、チェックする必要があります。

最も手っ取り早い方法は**韓国語の先生やネイティブの知り合いに聞いてもらう**ことです。

しかし、彼らにも都合がありますので、いきなり深夜２時に電話をかけて、「ちょっと今から私のㅇとㄴのパッチム聞いてくれる？」と頼むわけにもいきません。そんなことをしたら、韓国語の発音よりももっと大事なものを失ってしまう恐れがあります。

また、日本に住んでいるネイティブの場合、「日本人の発音に慣れている」という欠点（？）があり、日本生活の中で培われた「察する」スキルによって、その発音がちょっと違っていたとしても「たぶんこう言いたいんじゃないかな～」と脳内補正してしまいます。

さらに、地方で独学している人の中には、ネイティブの知り合いどころか、そもそも周りに韓国人がまったくいない！ ということも少なくないことでしょう。

■AIがあなたの発音をスパルタ教育

　そんな人たちに自信を持ってオススメしたいのが「スマホの音声認識機能を活用する」ことです。

　Googleでも、NAVERでも、最近はどの検索サイトにも音声を認識して入力する機能が搭載されています。これが韓国語発音のトレーニングにじつに役に立つのです。

　どのサイトのものを使うかは個人の好みなのですが、やはり韓国のサイトのほうが韓国語に特化しているので、僕はNAVERを愛用しています。NAVERはスマホ用の専用アプリがあるのでダウンロードしておくと便利です。

　実際に音声認識をさせる場合は検索ボックスをクリックし、マイクのマークを押してから調べたい音声をAIに聞かせると認識してくれます。

　最近のAIの発達というのはすさまじく、「오」と「어」、「ㅇパッチム」と「ㄴパッチム」、「가」と「카」と「까」など、日本人が聞き分けられない音もきちんと区別します。なので、ちゃんと発音しないと狙ったとおりのハングルが出ません。

　発音練習ツールとしてAIのよいところは、何と言っても「人間の心を持っていない」ということ。

　相手が人間だったら、いくら仲がよい間柄だといっても深夜に何百回もお願いするわけにはいきませんよね。チェックする相手もずっとダメを出し続けるのは可哀想に思えてきて、適当なところでOKを出してしまいがちです。

　その点AIは、どんな時間であろうが、何百回と言わず何千、何万回であろうがあなたの気が済むまで練習にとことんつきあってく

れます。

　しかもムダな同情心というものがないので、何万回でもダメを出してくれます。なにより**自分の発音が文字化されることで、自分の現在地を客観的かつ冷静に認識する**ことができます。

　たとえ思ったとおりの結果が出なくても、コツを思い出して何度も何度もあきらめずに発音してみてください。そのうち偶然、ＯＫが出るはずです。

　そしたらその感覚を忘れないうちにまた何度も何度も繰り返し、だんだん成功率を高めていってください。そうすれば、いつか思いどおりにその発音を操れるようになるはずです。

日本人にはライトと聞こえるものも英語では「right」と「light」があり、このような状態を「対立」と言います

コツ 35 | 韓国人っぽく話せる アクセントのカギは 子音の強さにあり

誰かと話していて、「おや？　この人は関西出身かな？」とか「日本語上手だけど韓国人じゃないかな？」と思うことありますよね？

このような「関西人っぽさ」や「韓国人っぽさ」などの「〜っぽさ」に大きく関わっているのがアクセントです。

「韓国人っぽい日本語」があるように「日本人っぽい韓国語」のアクセントももちろん存在します。

「意味が通じさえすればそれで十分」というのであればそれはそれでいいのですが、**少しでも「韓国人っぽく話したい！」なら、韓国語のアクセントをマスターする必要**が出てきます。

日本語の場合「オダギリジョー」なのか「オダギリ城」なのか「オダギリ状」なのかはアクセントで区別します。そして、どんな単語がどんなアクセントになるかは一つひとつ覚えていかなくてはならないので、なかなか大変です。

しかし、韓国語の場合は「このようなときはこのようなアクセントになる」というパターンが決まっていますので、そのパターンさえ覚えてしまえば、あらゆる単語に応用が効きます。

■通じるイントネーションは「子音の強さ」で判断

さて、そのパターンを分ける要素というのは、ズバリ「子音の強

さ」。最初のハングルが「強い子音」か「弱い子音」かということです。

▶ 子音の種類と音の強さ

子音	子音の種類	発音
強い子音	激音、濃音、ㅅ	高いトーン
弱い子音	上記以外	低いトーン

おおまかに言うと、強い子音ではじまる単語は高いトーンで、弱い子音ではじまる単語は低いトーンで発音されます。

例として「서울시」「부산시」の発音を見てみましょう。
「서울시」は最初の文字が「서」なので強い子音、高いトーンで発音します。
一方「부산시」の最初の文字は「부」なので弱い子音、低いトーンで発音します。
この場合のトーンとは、音のキーの高さと考えるとよいでしょう。

このアクセントパターンは、日本人学習者が苦手な激音や濃音の発音にも応用できます。
たとえば「지우다（消す）」「치우다（片づける）」を区別したい場合、

「지우다」は最初のハングルが「지」なので低めに、「치우다」は「치」（激音）なので高めに発音すれば、通じる確率が飛躍的にアップします。

　じつはアクセントに関しては他にもいろいろとおもしろい現象があって詳しく語りたいのですが、とりあえずは「強い子音」か「弱い子音」かを意識すればOKです。

　もしアクセント（やイントネーション）についてもっと知りたいなら、僕が書いた『ネイティブっぽい韓国語の発音』（HANA）に詳しく書いてあるので、ぜひ読んでみてください！

コツ 36 | 「通じない問題」は口を大きく開けるだけで解決することもある

「滑舌が悪いからなのか、なかなか思いどおりに聴き取ってもらえません！」というお悩みをお持ちの方に実際に発音してもらうと、**じつは口が十分に動いていないことがほとんど。**

日本語は母音の数が「あいうえお」と非常に少ない上に、激音のような激しい息漏れをともなった音や、濃音のようなのどの緊張を意図的に作り出すこともあまりありません。そのため、日本語は最小限の口の動きだけでたいていのことが事足りてしまいます。

日本語のことを「ヒソヒソ話が世界一得意な言語」と言う人もいますが、それもあながち間違った話ではないかもしれません。

そんなこともあって、日本語ネイティブが外国語を話すときはどうしても口の動きが小さくなってしまいがちです。

韓国語は「ㅗ」と「ㅓ」、「ㅜ」と「ㅡ」など、どうしても口の動きを意識しないとキチンと発音できない音が山ほどあります。そのため、**口の動きが小さいだけで、通じなくなってしまう可能性があ**るんです。

■日本語を話すときよりも３倍大げさに！

韓国語を話すときは、「日本語よりも３倍大げさに」発音することを意識してみてください。

たとえば「아」を発音する場合、日本語の「あ」より３倍口を開

ける（つもり）！　「이」にしても日本語の「い」より３倍歯を食い
しばる（つもり）！　もちろん、小さな声より大きな声のほうがグッ
と通じやすくなりますよ。

　ドラマやミュージックビデオなどで韓国語ネイティブが実際に話
すのをぜひ観察してみてください。「え、こんなに動かすの？」と
思うぐらい、みんな**口の筋肉をフル活用して話している**のがわかる
はずです。
　口の周りの筋トレには早口言葉が最適！　ということで韓国語の
早口言葉をいくつかご紹介しましょう（★の数は難易度を表してい
ます）。これらは韓国でもアナウンサーの養成などでよく使われて
いるものです。

▶ 韓国語の早口言葉

★
早口言葉
간장 공장 공장장은 강 공장장이고 된장 공장 공장장은 장 공
장장이다
日本語訳
醤油工場の工場長は姜工場長で、味噌工場の工場長は張工場長だ
ポイント
ㅇとㄴのパッチムに気をつけて

★
早口言葉
내가 그린 기린 그림은 잘 그린 기린 그림이고 네가 그린 기린
그림은 잘못 그린 기린 그림이다
日本語訳
私が描いたキリンの絵はうまく描いたキリンの絵で
君の描いたキリンの絵は間違って描いたキリンの絵だ
ポイント
ㅁとㄴのパッチムに気をつけて

早口言葉

저기 있는 말뚝이 말 맬 말뚝이냐, 말 못 맬 말뚝이냐?

★
★

日本語訳

あそこにある杭は馬を繋げる杭か、馬を繋げない杭か？

ポイント

ㄹパッチムに気をつけて

早口言葉

저기 계신 저 분이 박 법학박사이시고, 여기 계신 이 분이 백 법학박사이시다

★
★

日本語訳

あそこのあの方は朴法学博士で、こちらのこの方は白法学博士だ

ポイント

ㅂが連続するので唇をしっかり動かして법학は激音化して[버팍]になるので注意

早口言葉

경찰청 철창살은 외철창살이냐 쌍철창살이냐

★
★
★

日本語訳

警察庁の鉄格子は一つの格子か二つの格子か

ポイント

激音、ㅇパッチム、ㄹパッチムのオンパレード。舌を噛まないように気をつけて！

129

[僕の韓国語見習い時代]

今でも鮮明に思い出すバスでの大失敗！

　僕にも韓国語ビギナーだった時期があり、韓国語にまつわる失敗談もいろいろあります。

　ソウルの市内バス料金が600ウォンだったころの話。住んでいた下宿街から最寄り駅に出るためにバスを待っていました。

　やがてバスがバス停に到着し、僕はそれに乗り込もうとしたのですが、そんな僕を見て運転手が「マノン！　マノン！」と怒鳴ったのです。当時の僕の知る韓国語の単語の中で「マノン」に聞こえるのは「1万ウォン（만원）」。え？　なんで？

　そう思いましたが、すし詰め状態の車内を見て「こんな状態で乗せてやるんだから1万ウォン払え」という意味だと勝手に解釈し、すごいぼったくりだなと思いつつ、しかたなく1万ウォン札を料金ボックスに投入しました。

　次の瞬間、運転手の「ギャーーー!!」という悲鳴。じつは「マノン」というのは「満員（만원）」のことで、「満員だから次のバスに乗れ」という意味だったのです。

　当時のバスはお釣りがコインでしか出ず、しかも韓国のコインは500ウォンが最大です。当然乗客が1万ウォン札を払うことなど想定されていません。運転手はすごい形相で僕を睨みながらボックスのレバーを何度もガチャガチャと操作し、9400ウォン分のコインを僕に手渡しました。

　背中に突き刺さる満員の乗客の冷たい視線と、ズボンが脱げそうなほど山のようなコインで膨らんだポケットの重みを感じながら眺めたソウルの風景と、全身から滝のようにあふれる冷や汗の感触を今でもはっきりと覚えています。

第 4 章

聴き取り 編

―ハングルの "実際の音" を知っていく大切さ―

アイゴー！
チマン ミョン
コヤ〜！
ンデ ンデ
ニッカ〜
チャナ〜！！
チド モルラ〜！！

韓国語の勉強が進むにつれてハングルどおりに読まない
ケースが多くて呆然、全然聴き取れない!!
その悩み、よ〜くわかります。日付の聴き取りや
ネイティブのスピードについていけないなど、
聴き取りの悩みはここで解決してしまいましょう。

耳で覚えた韓国語の正しい綴りは、AIに聞いてサクッと解決

K-POPやドラマやバラエティなどの音声・映像コンテンツを使って韓国語を勉強しているという人も増えてきました。中には生まれてこのかた韓国語のテキストは開いたこともないけど、YouTubeを見続けているうちに、動画に出てくる韓国人YouTuberが何を言っているかだいたいわかるようになったというツワモノも。

しかしそういう人たちから共通して聞く悩みが**「意味はわかるし発音もできるのだけど、いざ書こうとすると正しい綴りがわからない！」**というもの。それっぽい音を検索して答えにたどり着く場合もありますが、いくら検索してもお手上げということも少なくありません。

僕も韓国の時代劇で頻繁に耳にする「そーんうにまーんぐっかおんにだー」という言葉の綴りがわからなくて困ったことがあります。ドラマを見ているとなんとなく「ありがたきお言葉〜」とか「はは〜っ」という意味だということはわかるんですけどね……。

■方言や古語も音声認識機能におまかせ！

そんなときに大活躍するのも、やはりスマホの音声認識機能。とくに韓国版NAVERなど、韓国語を主要言語とするサイトがオススメです。

多少発音が不明瞭でもびっくりするほど「察して」くれます。日

本人の中にも舌足らずの人や方言の人がいるように、韓国語ネイティブだからといって、誰もがみんな綺麗な発音で話しているわけではありません。そんなユーザーに対応するために、**音声認識AIの精度も日々向上している**のです。

　試しに先ほどの「そーうんにまーんぐっかおんにだー」をスマホに向かって言ってみましょう。このとき、できるだけ聞こえたとおりの音をそのまま再現するような気持ちで発するのがポイントです。きっと「성은이 망극하옵니다」と表示されるはず。
　しかもその意味や用例も一緒に知ることができるのですから、一石二鳥三鳥です。
　どうしてもうまく発音できる自信がない、という人は最終手段として動画の音を直接聴き取らせてみましょう。それでもかなり拾ってくれます。ただし大音量の BGM がかかっていると、その曲のほうが検索されてしまうことがあるのでご注意ください。

自分で発音するのが
むずかしい人は
ドラマの音声を
直接聞かせる方法も…

「連音化」や「鼻音化」…
解読不能な韓国語は
AIが知っている

韓国人はよく「ハングルは世界一合理的かつ科学的な文字だ！」などと言ってハングルの優秀性を誇りにします。果たして本当に「世界一」なのかどうか……という部分についてのツッコミは置いておくとして、韓国語を勉強しているみなさんなら、ハングルが非常によくできた文字であることはよくご存知だと思います。

しかし同時に、韓国語の勉強が進むにつれて、「ハングルどおりに読まないじゃないか！」「話が違う！」と叫びたくなるケースもたくさん実感されているのではないでしょうか？

■ハングルどおりに読まない問題とは

韓国語では、**ある音が後ろに来る音に影響を受けて発音が変わる**「**発音変化**」という現象がよく起こります。

たとえば連音化は、パッチムがある単語と、母音ではじまる単語が合体して音が変化する現象です。その結果「한국어（韓国語）」は [한구거] に、「일본에」は [일보네] に聞こえます。

これぐらいならまだなんとか推測できますが、ひどいのになると「고객에게（顧客に）」などは [고개게게]、日本語ネイティブの耳には「コゲゲゲ」にしか聞こえません。

また、「국민（国民）」が [궁민] になる「鼻音化」、「강남역（江南駅）」が [강남녁] になる「ㄴ挿入」、「분리（分離）」が [불리] になる「流音化」などなど、他にも**ハングルどおり読まない発音変化**

はたくさんあります。

　そんな言葉の聴き取りにも、やはり AI！「音声認識機能」が大活躍します。ある音の響きを持つ単語のうち、最もよく使われるもの、文脈上あり得そうなものを AI が判断してくれるのですが、よほど特殊な単語でない限り、かなりの確率で正確にヒットします。

　試しにスマホに向かって「コゲゲゲ」と言ってみてください。「고객에게」がちゃんとヒットすると思います。

　単語単体より、**センテンス全体を聴かせると、前後の文脈も同時に入力されるので正解率は飛躍的にアップ**します。

　技術の進歩により以前は想像もできなかった勉強法が次々生まれていますので、活用できるものはどんどん活用していきましょう。

　「綴りがわからなかったけど、今聴いている音はこの文字を表していたんだな」。そのように音と知識を結びつけることで、どんどんヒアリング力がついてきます。

　また、AI を通して、複雑な音の発音を身につけることもできるのです。

「네」が「デ」に聞こえる 理由は、音の幅の 違いにあった

　僕がはじめて韓国語という言語に触れたのは、中学生ぐらいのころ、夜中にラジオをいじっていて飛んできた韓国からの電波を偶然拾ったのがきっかけだったように記憶しています。

　そのときは、韓国語の知識はもちろんゼロでしたし、それが韓国語だということすらわかっていなかったのですが、言葉の合間合間に挟まれる「デーデー」というのがどうやら同意の意味だというのはなんとなく察しがつきました。ずっと後で、じつは韓国語で「デーデー」と聞こえていたのは「네 네」のことだったと知り、少なからず衝撃を受けました。

　僕のように「“네”が『デ』に聞こえるんですけど……」という人は少なくないようです。中には「自分には聴き取りのセンスがないのでは……」と悩んでしまう人もいるのですが、そう聴こえるのは変なことではないし、ある意味すごく耳がいいとも言えるのです。

　なぜなら、「네」は「ネ」でもあるし、「デ」でもあるからです。

■音にはストライクゾーンがある

　これは「네」と「ネ」、そして「데」と「デ」のストライクゾーンが微妙にズレているからです。

　だから、韓国語ネイティブの「네」は、「ネ」でもあるし「デ」でもあると言えます。韓国語ネイティブの発音する「네」のバリエーションの振り幅はだいぶ広いのです。

じゃあ逆に日本語ネイティブが「デ」と発音したら、それが韓国語ネイティブの耳に「네」に聴こえるときもあるのかと言えば、確率はかなり低いです（絶対ないとは言えませんが）。

　なぜなら日本語ネイティブの発する「デ」の音は、下のイラストにある「デに聞こえる範囲」内のかなり右寄りの狭い範囲に集中しており、「네」とは距離があるからです。

　いずれにしても自分が発音する場合は**「네」は「ネ」、「데」は「デ」で発音すれば、ほとんど外れません。**

　逆に聴き取るときに、おやっ？　ということがあったら「今自分は韓国語の音の境界線に立っているんだ」と思って、日本語の音とどんな差があるのか楽しみながら観察してください。

　そうすることで、日本語とは違う韓国語のストライクゾーンが少しずつ見えてきます。

韓国語の「네」と「데」
日本語の「ネ」と「デ」には、
このようなズレがあります

네 に聞こえる範囲
데 に聞こえる範囲
ネ に聞こえる範囲
デ に聞こえる範囲

日付の聴き取りは「最後の音」に集中！聴き間違いが防げる

　数字の聴き取りが苦手だという人、多いのではないでしょうか？

　とくに「○月○日」のような日付の場合、間違えると友達との約束や旅行、さらにはビジネスにも大きな支障をきたします。

　ただ、日本人学習者が日付の聴き取りで苦手な部分はだいたい決まっています。それは、**最後の桁に「1、2、10」のどれかが関わってくる言葉**。たとえば「십일일（11日）」や「십이월（12月）」や「이십이일（22日）」などです。

■ 1、2、10に関わる言葉に要注意

　日付の話をしているときは、「最後の音」に耳をすましてください。とくに「1、2、10」のどれかが関わってくる言葉は、全神経を集中するぐらいに！　この場合のおもなポイントは2つです。

・「1、2、10月」の場合＝ㄹが聞こえるか、ㅂが聞こえるか
・「1、2、10日」の場合＝音が長く聞こえるか、短く聞こえるか

　「月」の場合、「日」の場合でそれぞれポイントをまとめてみましたので、聴き取りのヒントにしてください。

▶ 月の場合

月の名前	ハングル表記	聞こえ方	カタカナで書くと…
1で終わるもの 1月、11月	1月：일월 11月：십일월	「ロル（륄）」が聞こえる	1月：イロル 11月：シビロル
2で終わるもの 2月、12月	2月：이월 12月：십이월	「ウォル（월）」がはっきり聞こえる	2月：イウォル 12月：シビウォル
10で終わるもの 10月	10月：시월	「シウォル」と聞こえる	10月：シウォル

　ほとんどは最後に「ㄹ」が聞こえますが、11、12月の場合は「ㅂ」も聞こえます。なぜなら、10（십）に1（일）や2（이）が続くと

連音化するためです。

▶日の場合

日の名前	ハングル表記	聞こえ方	カタカナで書くと…
1で終わるもの 1日、11日、21日、31日	1日：일 일 11日：십일 일 21日：이십일 일 31日：삼십일 일	「リル（릴）」が聞こえる	1日：イリル 11日：シビリル 21日：イシビリル 31日：サムシビリル
2で終わるもの 2日、12日、22日	2日：이 일 12日：십이 일 22日：이십이 일	長めの「イール（이일）」が聞こえる	2日：イール 12日：シビール 22日：イシビール
10で終わるもの 10日、20日、30日	10日：십 일 20日：이십 일 30日：삼십 일	短めの「イル（일）」が聞こえる	10日：シビル 20日：イシビル 30日：サムシビル

　1や10で終わるものが「〜リル」「〜ビル」と音が短く聞こえるのに対し、2で終わるものは「イール」「シビール」と長く聞こえます。

コツ 41 ネイティブのスピードに慣れるには、「天気予報」が最適な教材！

「テキストの音声はちゃんと聴き取れるのに、普通の会話になるとスピードが早すぎてとても追いつけない……」。このような悩みをよく耳にします。

そんなときはまず**「高度にパターン化された会話の聴き取り」を繰り返す**ことで、その言語を聴くための基礎体力を養うことができます。

「読む」「書く」「話す」「聴く」は「言語の４大技能」と言われますが、このうち「読む」「書く」「話す」の３つは自分の好きなペースで行うことができます。しかし、「聴く」だけは自分ではなく、相手のペースについていかなくてはいけません。

ネイティブが外国語で話すスピードは学習者にはとても速く感じられるものです。ただでさえ韓国語は言葉にある種の迫力があるのに、ばーっとまくしたてられたらそれだけで脳震盪を起こしてしまいそうになりますよね。

僕たちが会話を聴き取るときには、漠然と聴いているようでいて、じつは次にくるフレーズや単語をあらかじめ予測しています。

たとえば「あたかも……」と聞こえたらきっと「〜のようだ」とか「〜みたいだ」のような言葉が来るんだろうなと思いますよね。それらの膨大な積み重ねによって、我々は相手の話すスピードが速くても、それについていくことができるわけです。

ただし、外国語の場合はその積み重ね量が圧倒的に不足しているため、予測がきかず、どうしてもアップアップになってしまうんですね。

■天気予報の聴き取りで得られるもう一つのメリット

　さて、高度にパターン化された会話の聴き取りとしてオススメしたいのは「天気予報の聴き取り」です。

　天気予報はどの国でもだいたい、使われる単語や話す内容、そして順番がかなりパターン化されています。

　たとえば、韓国語の場合はどんな天気予報でも「어제보다 ~ 겠습니다 (昨日より〜でしょう)」というフレーズは必ず登場します。〜の部分に入る言葉には「덥다（暑い）」「춥다（寒い）」「따뜻하다（暖かい）」「쌀쌀하다（肌寒い）」などがあります。

　そのため外国語であっても次に来る言葉を予測しながら聴くことができます。

　また天気の話題というのは万国共通ですから、韓国人と出会ったときに覚えた表現をすぐに役立てることも可能です。

　天気予報の聴き取りをオススメする理由は他にもあります。それは同じシチュエーションに対する少しずつ異なったコメントに触れることで、表現にバラエティを持たせることができるということ。

　インターネットで「오늘 날씨」や「날씨 뉴스」と検索すれば、その日の天気に関する、さまざまなテレビ局の動画がヒットします。寒さが緩んで春の温かさが感じられるある日の天気予報で、ある局では「포근하다」という表現を使っていたかと思えば、他の局では「날이 풀리다」と言っていたりするのがわかります。

天気予報に慣れてきたら、次はパターン化されていつつも、もう少しバリエーションに富んだ内容を扱っているスポーツニュース、そして一般のニュースといった具合に、だんだんと難易度を上げていきましょう。

コツ 42 | 語尾に気をつけると アラ不思議！ 町の人との 会話がわかる

　韓国語テキストの音声や、先生の会話や、韓国語のニュースはある程度聴き取れるのに、いざ現地に行ってみたら……あれれ？　タクシーの運転手さんの言葉も、食堂の店員さんの言ってることも、さっぱり聴き取れないぞ？　なんで？

　このような経験、したことあるのではないでしょうか？

　韓国語のリスニングにおける最大のポイントは「語尾」です。

　日本語はよく「最後まで聞かないとわからない言語」と言われます。それは重要な情報が語尾に込められているからです。肯定なのか否定なのか、現在なのか過去なのか、タメ口なのか丁寧語なのか、話し手は男性なのか女性なのか……それは最後まで聞かないとわかりません。

　この辺の事情は韓国語もまったく同じ。極端なことを言うと**語尾さえしっかり把握**すれば、話し手が伝えようとすることの骨組みはざっくりカバーすることができるのです。

■使用頻度の高い語尾を覚えておく

　では、ここで韓国語の語尾によく使われるものをご紹介しましょう。「こんな響きの音が聞こえたら、だいたいこういうことが言いたいんだな～」と理解するための目安になると思います。

聞こえる語尾	左の日本語に対応する韓国語	例文（訳）

▶ 過去の話をしている

| ~ッソ（ヨ） | ~ㅆ어（요） | 어제 명동에 갔어요
（昨日明洞に行きました）
티비 봤어?（テレビ観た？） |
| ~ドラゴ（ヨ） | ~더라고（요） | 아무것도 없더라
（何もなかったですよ）
혼자서 가더라고요
（一人で行ったみたいですよ） |

▶ 今の話をしている

| ~ゴ イッソ（ヨ） | ~고 있어（요） | 밥을 먹고 있어요
（ごはんを食べてます）
한국어 공부하고 있어
（韓国語を勉強してる） |

▶ これからの話をしている

| ~ル コヤ／
（コエヨ） | ~ㄹ 거야/
（거예요） | 내가 너를 지켜줄 거야
（僕が君を守ってあげるよ）
돈이 모자랄 거예요
（お金が足りないと思いますよ） |
| ~ゲッソ（ヨ） | ~겠어（요） | 비가 많이 오겠어요
（雨がたくさん降るでしょう）
내일부터 다이어트 하겠어요
（明日からダイエットするつもりです） |

▶同意、確認を求めている

～チ（ヨ）	～지（요）	그렇지 （だよねえ） 비빔밥 좋아하지요? （ビビンバ好きですよね？）
～チャナ（ヨ）	～잖아（요）	내가 말했잖아요 （私が言ったじゃないですか） 술 못 마시잖아 （お酒飲めないじゃん）

▶否定している

～アニャ/ （アニエヨ）	～아냐/ （아니에요）	이런 건 사랑이 아냐 （こんなのは愛じゃない） 저 한국 사람 아니에요 （私韓国人じゃありません）
～チ アナ（ヨ）	～지 않아（요）	나 이거 좋아하지 않아 （僕これ好きじゃない） 한국 물가는 싸지 않아요 （韓国の物価は安くありません）

▶理由を述べている

～ニッカ（ヨ）	～니까（요）	오늘은 너무 추우니까 （今日はすごく寒いから） 한국 아이돌을 좋아하니까요 （韓国アイドルが好きなので）

▶条件づけをしている

~ンデ（ヨ）	~ㄴ데（요）	먹고 싶은데（食べたいんだけど） 저기, 죄송한데요 （あの、すみませんけど）
~ミョン	~면	이 길을 쭉 가면 （この道をまっすぐ行くと） 그 사람 노래를 들으면 （あの人の歌を聴いたら）
~チマン（ニョ）	~지만（요）	나는 한국 사람이지만 （私は韓国人だけど） 돈은 없지만요 （お金はないんですけど）

▶感心している

~ネ（ヨ）	~네（요）	정말 맛있네요 （本当に美味しいですねえ） 빨리 왔네요?（早く来ましたね）

▶強調している

~コヤ／ （コエヨ）	~거야/ （거예요）	지하철을 잘못 탄 거야 （地下鉄を乗り間違えたんだってば） 일본어 하나도 못하는 거예요? （日本語が全然できないんですか？）
~コドゥン （ニョ）	~거든（요）	여기에 가고 싶거든요 （ここに行きたいんですよ） 우리 집에 김치냉장고가 있거든 （うちにキムチ冷蔵庫があるんだよ）

▶ 人に聞いた話を伝えようとしている

~テ(ヨ)	~대(요)	오늘 눈이 온대요 (今日雪が降るらしいです) 어제 그 사람도 있었대 (昨日あの人も来てたんだって)

▶ 不確かな話をしている

~チド モルラ (ヨ)	~지도 몰라 (요)	일본에서 살지도 몰라요 (日本に住むかもしれません) 그 사람 이거 안 좋아할지도 몰라 (あの人これ好きじゃないかも)

▶ 可能・不可能なことについて話している

~ルス イッソ (ヨ)	~ㄹ 수 있어 (요)	매운 것 먹을 수 있어요? (辛いもの食べられますか？) 오늘은 차가 막힐 수 있어 (今日は渋滞するかもしれない)
~ルス オプソ (ヨ)	~ㄹ 수 없어 (요)	여기서는 사진을 찍을 수 없어요 (ここでは写真を撮ることができません) 이런 일은 있을 수 없어 (こんなことあり得ない)

　声優やアナウンサーや語学の先生は言葉のプロですから、常に「綺麗な発音」をするように心がけています。しかし、一般の人たちはそうではないので聞き取りにくくてあたりまえ。

　考えてみれば日本語だってそうですよね？　日本人だからといっ

てすべての人がアナウンサーのような模範的な発音で話しているわけではありませんし、そういう人はむしろ少数派でしょう。

　にもかかわらず、ネイティブ同士ではコミュニケーションが支障なく行われているのは、「聴き取るべきツボ」を押さえているから。常に全神経を傾けて一字一句聴き漏らすまいとしていると、数分でヘトヘトになってしまいます。

　聴くべきところはしっかり聴き、それ以外はちょっと手抜きをして、要領よく聴き取るトレーニングを積むことで、心の余裕を持って聴き取ることができるようになってきます。

［　僕の韓国語見習い時代　］

超独断で選んだ初級学習者向けテキストを紹介！

・語彙『イラストで覚える　hime 式 たのしい**韓国語単語帳**』（高橋書店）
hime（著）

語学上達のためには何といっても語彙をたくさん丸暗記する必要があるのですが、この本は日本語の語呂合わせとインパクトのあるイラストで楽しみながら語彙を増やすことができます。

・文法『**できる韓国語**』シリーズ（アスク）
新大久保語学院、李志暎ほか（著）

おそらく日本で最も広く使われている韓国語テキスト。奇をてらわず非常にスタンダードながら、押さえる文法項目をていねいにカバーしているので独学にも最適。ワークブックなどの副読本も充実しています。まだ基本の文法を勉強したことがないという人はこちらの本をどうぞ。本書の理解も深まります。

・文法『**パターン＆穴うめで覚える！韓国語文法書き込みノート初級**』
（学研プラス）古田富建（著）

用言（動詞や形容詞など）の法則を理解することも大事ですが、それ以上にその活用パターンにいかに慣れるかが上達への近道。この本は穴うめ問題を繰り返し解くうちに活用パターンがマスターできる作りになっています。

・テスト対策『**韓国語能力試験 TOPIK 完全対策**』シリーズ（HANA）
韓国語評価研究所（著）、HANA 韓国語教育研究会（訳）

問題量も豊富で、出題傾向をしっかり押さえた解説もていねいです。
またハングル検定対策には試験の主催機関が出している『**ハン検公式ガイド新装版合格トウミ**』初級編/中級編（ハングル能力検定協会）や過去問集が役に立ちます。試験の主催機関が出しているだけあって、出題のポイントなどがしっかり押さえられており、独学の人でも対策が立てやすくなっています。

　発音に関しては自著の『**ネイティブっぽい韓国語の発音**』（HANA）をオススメします！　日本人学習者が陥りがちな韓国語発音の悩みをていねいに解説、「入門編」と「応用編」に分かれており、初級から上級までレベルに関係なく役立つ内容です。

第 **5** 章

勉強編

―K-POPに韓国ドラマ…教材 選びからITの活用法―

大好きなK-POPや韓国ドラマを韓国語学習に
生かせたら…大丈夫、それでできます！
ポイントは「どれ」で「何を」学ぶか。本章では
「韓国語を使うチャンスがない」「忙しくてなかなか
勉強する時間がとれない」などの悩みにもお応えします。

コツ 43 身につけた韓国語を使うチャンスはSNSにあり！

■自分と同じ趣味の人を探そう

　一生懸命勉強して覚えた韓国語。果たしてどれぐらい韓国語ネイティブに通用するのか、腕試しをしてみたくなるものです。

　自分の周りに韓国人の友人や知人がいれば、話し相手になってもらえます。ですが、周りに韓国人もいないし、韓国旅行にも行けそうにないという人も少なくないはず。こんなときこそ、自宅にいながら気軽に全世界と繋がれるSNSの出番です！

　たとえばあなたが、釣りが趣味ならYouTubeで「낚시（釣り）」と打ってみてください。そうすると、釣りが趣味の韓国人が配信している動画がたくさん出てくるはずです。

　その動画のうち、**気に入ったものに韓国語でコメントを書いてみましょう**。そのとき、「韓国語を勉強している釣りが趣味の日本人です」と簡単な自己紹介を添えておくのも忘れずに。

　自分の動画に海外から、それも自分たちの言語を勉強している人から反応をもらってうれしくない人はいません。動画主から何かリプライが返ってくる可能性は大いにあります。

　こうしてきっかけができれば、しめたものです。どんどんコメントを交換して、交流を深めていきましょう。韓国語についての質問は前面に出さずに、話題はあくまでも釣りに関することがいいと思います。

もちろん釣り以外の趣味でもいいし、手段はツイッターやインスタグラムなどでもかまいません。自分と同じことに関心を持って配信している韓国人は必ずいます。

■こまめにアウトプットすることが大事

　コメントでのやりとりから勇気を出して一歩踏み出したいという人は、**自分の好きなことを韓国語で配信**してもいいですね。大切なのは、こまめにアウトプットすることです。

　韓国語を勉強している日本人男性で、釜山のプロ野球チームである「ロッテジャイアンツ」のファンの人がいます。彼は SNS を通じて韓国語で自分の球団愛をアピールしているのですが、同じチームを応援する韓国人フォロワーたちの間でちょっとした人気者になっています。

　ちょっと大げさな言い方をすれば、人類史上、遠くにいる人と人がこれほど簡単に、自由自在に交流できている時代はありません。みなさんにもこの時代に生きているメリットを目一杯韓国語の勉強に生かしてほしいと思います。

勉強時間がとれない！
そんな悩みを解決する
バスタイムの特訓

　韓国語を勉強する意欲だけは誰にも負けないのに、忙しくてなかなか勉強する時間がとれないことも多いはずです。外国語に限った話ではないと思いますが、勉強で大事なのは**「温まったエンジンを冷やさないようにする」**こと。いくら知識を短期集中型でガンガン詰め込んでも、疲れ果ててそのまま長期間放置してしまえば、エンジンはすっかり冷え切って錆びついてしまいます。

　肝心なのは時間よりも回数。わずかな時間でもいいので、韓国語のことを考える機会を毎日欠かさずに持つようにしましょう。

　これは僕がよくやっていた練習法なのですが、会話を伸ばしたい人は韓国語で一人芝居をしてみるのも非常に効果的です。たとえば、

"오늘은 뭐 먹지？"（今日は何を食べようか？）
"어제는 김밥 먹었으니까 오늘은 햄버거나 먹으러 갈까？"
（昨日はキンパプを食べたし、今日はハンバーガーでも食べにいこうか？）
"그래 좋아"（いいねえ）

　こんなふうに**延々と韓国語で独り言**を言ってみます。コーヒーブレイクやトイレ休憩など、ちょっとした合間の時間でかまいません。
　その光景を他の人に目撃されると、いろいろ心配されてしまう可

能性がなきにしもあらずなので、心おきなく行うならお風呂の中が
オススメです。

　お湯に首まで浸かりながら、今日の一日を韓国語で振り返ってみ
るなんてなかなか粋なもんです。また、お風呂の中は自分の声が反
響してよく聞こえるので、**発音のセルフチェックをするのにも最適**
な環境です。

■数年後の自分が韓国語の〝先生〟になる

　１日３行だけ韓国語で日記を書いてみるとか、韓国語で手帳をつ
けてみるのもいいですね。

　アウトプットをすると、どうしてもそれに対する「フィードバッ
ク」、つまり答え合わせを求めてしまうのが人情です。もちろん適
切なフィードバックがもらえる環境であればそれにこしたことはあ
りませんが、そうでなくても効果はあるので大丈夫！

　アウトプットしたものを記録しておいて、ずっと後で未来の自分
に見てもらうのです。

　そのときに「ええっ、こんな間違いしてたの？　はずかしい！」
と思ったら大成功。その分、自分の実力がアップしている証拠です
から。

　「この場合、この韓国語で合っているのかなぁ……」などと、モヤ
モヤしながら考えている時間にも意味があります。

　合っていても間違ってても「アウトプットはし続けることに意義
がある！」です。

　余裕を持ってできること、簡単なことでかまわないので、自分の
レベルに合わせて韓国語と遊ぶ時間をちょっとでも持ってみてくだ

さい。

　ほかにも通勤時間を利用して、韓国のラジオをスマホで聴くのも
いいでしょうし、韓国のサイトで短い新聞記事を読むのもいいで
しょう。

　窓の外を流れる風景を見ながら、看板の数字を頭の中で韓国語に
して読んでみるのもいいトレーニングになります。

綴りに自信がないなら
ニュースを「받아쓰기」
するのが一番！

「乗り換える」って「가라타다」だっけ、「갈아타다」だっけ？ 「別れる」って「해어지다」だっけ、「헤어지다」だっけ？

　日本語よりも母音や子音の数が多く、連音化や鼻音化などの発音変化も頻繁に起こる韓国語では、ハングルの綴りが思ってたのと違うということがよく起こります。とくにドラマ視聴や友人との会話など、「耳から」韓国語を覚えた学習者はこの辺が非常に苦手かもしれません。

■韓国の子どもも同じ方法で字を覚える

　ハングルの綴りがむずかしいのは、じつは韓国人の子どもたちも同じ。学校では正しい綴りを覚えるために幼いころから「받아쓰기（書き取り）」の練習を毎日のようにさせられます。

　方法はいたってシンプル。**先生が読み上げる短い文章を、紙にハングルで書いて提出**します。

　日本でも小学校や中学校で漢字のミニテストが出されましたよね？　ちょうどあんな感じだと思ってください。

　ハングルの綴りをマスターするのにこれほど効果的な方法もありません。繰り返すことでハングルの音と綴りをひもづけられるようになるので、ぜひ韓国語学習者のみなさんもやってみましょう。

■韓国語のニュースなら答え合わせができる！

　韓国語の音声であれば何でもいいのですが、僕はとくにニュースをオススメします。なぜなら韓国の大手放送局はニュースをスクリプトつきで無料公開しているので、自分で答え合わせができるからです。さらに、最近のスマホ用アプリは自分のレベルに合わせて再生速度を調整することもできます。

　スクリプトつきの動画ニュースを探す方法を紹介しましょう。

1 韓国版 NAVER で「뉴스（ニュース）」と検索
2 一覧ページが出てきたら、上部にある「동영상（動画）」をクリック
3 動画つきのニュース一覧が表示されたら、興味を持てそうなものを選んでクリックする
4 表示された画面をスクロールし、「기사원문 보기（記事原文を表示）」の表示があるかを確認

　表示をクリックするとスクリプトが表示され、教材として使えることがわかります。

ニュースを使っての「받아쓰기」のメリットは、ハングルの綴りをマスターすることだけではありません。**聴き取り能力の向上にもつながります。**

1 뉴스を聞く
2 聴き取れなかったところに戻り、スクリプトで確認する
3 また同じフレーズを聞く

　これを繰り返すことで格段に聴き取り能力が上がります。ついでに今の韓国についての情報を知ることもできて、まさに一石三鳥なのです！

コツ 46 ｜ コスメの裏面もよい教材！定型文を書き写すと作文力がつく

　話す（말하기）、聴く（듣기）、読む（읽기）、書く（쓰기）という言語の４大要素のうち、最も苦手意識を持っている人が多いのが「書く」、つまり作文です。

　作文力を向上させるのに効果的な方法として「上手な人の文を書き写す」というのがありますが、これは韓国語作文でも例外ではありません。上手な人の書いたものには、それが「名文」となるためのさまざまな仕掛けが隠れています。そのような文をたくさん書き写すことで、それらの仕掛けを発見し、少しずつ自分の中に消化させていくことができます。

■「型」の決まった文章で文語調の言い回しに慣れる

　といっても、外国語である韓国語でどんな文章が上手なのかを判断するのは至難のワザ。なので、とりあえずは「型」がある程度決まった文章を書き写すことからはじめましょう。

　小説や歌詞から商品の説明書まで、世の中にはさまざまな文がありますが、その自由度ごとに分類するとだいたい右ページのようになります。

　自由度が低いものほど「型」にはまった文章、つまり、誰が書いても同じように書くためのフォーマットが決まっている文章ということになります。

▶文章の自由度と種類

自由度	文章の種類
高	詩、歌詞、文学作品など
中	カジュアルなメール、エッセイ 新聞、雑誌の記事 観光地の案内文、論文など
低	説明書、マニュアル 警告文、指示文、ビジネスメール 招待状、表彰状、年賀状など

　もう少し詳しく解説しましょう。説明書やマニュアルは、たとえば韓国コスメの箱に同梱されています。効能や使い方が書かれている、そう！　あれです。

　食品パッケージの裏面にもさまざまな商品説明が書かれていますよね。

　警告文は美術館や博物館、ホテルなどで見かける、「写真を撮らないでください」「ここから先は入らないでください」などがこれにあたります。こんなふうに教材は意外と身近なところにあります。

■接続詞に注目しながら書き写す

　最近は YouTube や K-POP を通じて韓国語を学んだという人が増えています。そういう人たちは日常会話や聴き取りは得意なのですが、ちょっと改まった感じの文語調の表現には弱い傾向があるよ

うです。その場合は、まず、自由度の低い招待状やビジネスメールの文章をひたすら丸写しして、文語調の「型」を身につけることからはじめるのが効果的です。

そして慣れてきたら、徐々に自由度の高い文章に移っていきましょう。とくにTOPIK2（中上級）の作文対策としては、マニュアルや新聞記事、またはエッセイを使って練習するのが効果的です。

その際、**注目したいのが接続詞の使われ方**です。そのようなタイプの文章では、自分の意見に説得力を持たせるために「たとえば（예를 들어서）」「しかし（그러나）」「したがって（따라서）」「すなわち（즉）」のような接続詞が駆使されますが、どんな流れでどんな接続詞が使われるか観察することで、**説得力のある文章を書く力が養われます**。

また、韓国語以前に日本語でもふだんからいろんな文章を書いておくことも非常に大事です。外国語は母国語の能力を超えることができません。日本語でも支離滅裂な文章しか書けないのに、突然韓国語で理路整然と持論を述べはじめるということはありえないということです。

韓国語の作文力をつけるためにも、**日本語の作文力をまず底上げしておくこと**が重要なのです。

K-POP学習の決定版！
歌詞の丸暗記で単語の
「周辺情報」を知る

ある研究結果によれば、現在日本で韓国語を勉強している人はほぼ間違いなく、なんらかの形で「韓流」の影響を受けているのだそうです。中でも若年層を中心として人気を誇っているのが「K-POP」。僕が現在勤務している大学でも、学生たちのほとんどに「推し」のアイドルやグループがいます。

■ずっと聴いていても苦痛じゃないメリット

韓国語学習コンテンツとして見た場合、K-POP の最大の利点はまさに何度も聴き続けて「丸暗記」できること。

単語は、その意味だけ覚えても、うまく使いこなせるようにはなりません。その**単語がどのようなフレーズの中で、どんな言葉とセットになって使われるのかという周辺情報**と一緒にマスターしてはじめて、その単語を生かせるようになるのです。

そのためにはできるだけたくさんの「フレーズ」を繰り返し聴いて、言葉の響きや単語の並びに慣れる必要があります。その膨大な蓄積がその言語の感覚を作っていきます。

そういう意味で**K-POP は、韓国語の生きたフレーズの宝庫**です。しかも、そこにはリズムとメロディーという味つけがされているため、ただ単語を暗唱するよりはるかに記憶に残ります。

しかも、好きな歌手が歌っているとなれば、何度も何度も、繰り

返し聴くはず。「ずっと聴いていても苦痛じゃない」というのも、K-POPの大きな強みです。

144ページに「韓国語は語尾に注目して聴くべし」という話をしましたが、歌の場合、語尾にあたる部分が強調されることが多く、否が応でも耳に残りやすくなっています。

僕も韓国語を学びはじめたばかりのころ、韓国の歌でよく耳にする「〜ミョン」とか「〜チャナ」とか「〜コヤ」っていったい何なんだろう？　と思った記憶があります。それが後になって「〜면」「〜잖아」「〜거야」だったということを知ったときの感動と興奮は今でも忘れられません。

K-POPの歌詞というと、最近の若者が使うような言葉ばかり使われているようなイメージがあるかもしれませんが、じつは結構むずかしい**四字熟語やことわざなどもたくさん使われています**。

とにかく、K-POPが好きなみなさんは、歌詞を見なくても口ずさめるようになるまで、聴いて聴いて聴きまくってください！　余裕のある人は、歌詞の翻訳にもチャレンジしてみてください！

コツ 48 │ リアルな韓国語のリズム、イントネーションも韓国ドラマで！

韓国語に出会ったきっかけが韓国映画や韓国ドラマだという人も多いと思います。おもしろいので飽きずに続けられるという意味では、前述したK-POPと同じですが、最大のポイントは**「その単語や表現が使われるシチュエーションごと覚えられる」**ことです。

ストーリーを追っていれば、その場面で登場人物がどういう状況におかれ、どういう心情かがわかります。するとセリフを聞くときも、「こういう思いを伝えたくて、こういう韓国語表現を使うんだな」ということがわかってきます。

■ "なりきり" でネイティブっぽさを習得

映画やドラマは発音のトレーニングにも役立つツールです。僕は**「ボイスアクト」**という指導法を授業でよく使います。ちょっと聞き慣れない言葉かもしれませんが、要は「アテレコ」のこと。音声を消して口パク状態になっている登場人物にセリフをあてていく練習法です。

このボイスアクトでアクセントやイントネーションやリズムといった、**「ネイティブっぽさ」の核となる部分を楽しく練習することができる**のです。これは独学をしている人でも、手軽にはじめられます。

では、その具体的な手順を次ページにご紹介しますね。

1 ドラマの中から好きなシーンを1分間選ぶ

2 その1分間を何度も見ながらセリフを紙に書き起こす

3 登場人物になったつもりで感情を込めてセリフを読み上げ録音

4 ドラマを見ながら、3と一つひとつ照らし合わせてどこがどう
違ったか細かくチェックする

5 3と4を何度も繰り返す

6 慣れてきたらドラマをミュート（無音）にして、声優になったつ
もりでアテレコしてみる

2は157ページに紹介した「받아쓰기」の練習にもなりますね。

また、2がどうしてもむずかしいという人は、韓国語の字幕が見
られるコンテンツ（Netflix など）を利用するといいでしょう[※1]。

とにかく「その1分間だけは完璧にする」つもりで、とことんマ
ネしてみてください。その過程で、**韓国語ネイティブの話し方（発
音、アクセント、間のとり方などなど）**が自分の中に浸透してくる
はずです。

最後に、映画やドラマを活用して勉強するときにちょっと注意し
てほしいことがあります。それは**「日本語字幕の活用法」**です。

映画やドラマにつけられる字幕には字数や表示時間など厳しい制
限があり、実際のセリフを忠実に訳すことはできません。そのため
その場面のニュアンスを最も効率的に伝えるための「意訳」が連発
されます。なので、登場人物が話しているからといってそれが字幕
に反映されるわけでもないし、字幕に出ているからといって登場人
物がその単語を口にしているわけでもありません。その辺を知らな
いと、字幕を必死に追っても「あれ？　あれ？」ということの連続

になってしまいます。

　日本語字幕が本当の意味で学習に「使える」ようになるのは、韓国語文法を一とおりマスターした中・上級以降。先ほども言いましたが、それまではむしろ韓国語字幕を利用した「받아쓰기」や聴き取り練習のほうが効果的だと思います。

　映画やドラマを見ていて新しい語彙や表現に出会ったら、ぜひそのシチュエーションごと覚えるようにしてください。そうすれば、いつか自分が同じようなシチュエーションになったときに、自然に口から言葉が出てくるはずです。

※1 動画配信サービス「Netflix」は多言語字幕をつけることができます。1 Google Chrome
　　の拡張機能「Language Leaning with Netflix」をダウンロードする。2 見たい番組、言
　　語の字幕を選ぶ、これだけ。映像の下に学びたい言語といつも話している言語（母国語）
　　が並列で表示されます。字幕スピードの調整も可能。

Ｋ文学を教材にするなら
日本語版と韓国語版を
セットで揃えて！

　新しい「韓流」として急激に注目を浴びているのが「Ｋ文学」または「Ｋノベルズ」と呼ばれる「韓国文学」です。

　韓国で社会現象となり、日本でも大きな反響を巻き起こした『82年生まれ、キム・ジヨン』をはじめ、今や世界的な作家となったハン・ガンや、『ショウコの微笑』で日本人少女と韓国人少女の心の交流を描いたチェ・ウニョンなど、韓国の若い世代の作家、とくに女性作家の紡ぎ出す作品群が、今日本でも続々と和訳され出版されています。これを韓国語学習に生かさない手はありません！

　韓国語学習ツールとして見た場合、**文学作品の最大の強みは「言葉による豊かな描写力・表現力を鍛えられる」**ことでしょう。

　映画やドラマでは登場人物の演技や表情で表現される感情の微妙な動きも、その舞台となる美しい風景も、文学作品ではすべて言葉で表現しなくてはいけません。

　つまり、文学作品はあらゆる韓国語コンテンツの中で、最も豊かな語彙・表現に触れることができる最高の教材です。

■日本語から読むか？　韓国語から読むか？

　小説を教材にする場合は、**日本語版と韓国語版をセットで揃えるところからスタート**しましょう。韓国語版だけで読んでもいいのですが、模範解答があったほうが初級学習者には安心ですからね。日

本で韓国語の原書を入手するのに役立つサイトとしては、以下のようなところがあります。

クオン　http://www.cuon.jp/
高麗書林　http://www.komabook.co.jp/

とくに「クオン」が刊行している「韓国文学ショートショート」というシリーズは、**短編の中でも非常に短い作品が、一冊の中に日本語と韓国語の両方で収録**されており、日本語版と韓国語版の2冊も準備するのは大変だという人にはオススメです。お話もすごくおもしろいですし、韓国語朗読音声を YouTube（https://www.youtube.com/user/cuonbooks）で聞くこともできます。

　あとは韓国旅行に行く際に、「教保文庫（교보문고）」や「永豊文庫（영풍문고）」（どちらも韓国を代表する大規模書店チェーンです）などの書店に立ち寄ってみるというのも楽しいですね。

　文学作品は日本語版と韓国語版どちらを先に読むかによって違った勉強ができます。

　初級のうちは、**韓国語版を先に読んで日本語版で答え合わせをするのがオススメ**です。これは読解力の向上に繋がります。

　ちょっとハードルは高いですが、日本語版を先に読んで日本語を韓国語にしてみるトレーニングをすれば、韓国語ならではの言い回しや単語の使い方などに気づくことができます。

　もともと韓国では村上春樹や東野圭吾など、日本の文学に対する関心が高かったのですが、それは、日本社会と韓国社会には多くの

共通した問題があり、文学を通じて描かれる日本人の抱えるそれらの問題やテーマに対する深い共感があったからです。

　つまりそれは、韓国文学の中にも日本人が共感でき、また生きる上でのヒントになる素材がたくさんあるということでもあります。

シリーズ03
『遠足』

チョン・ソンテ(著)　小山内 園子(訳)
価格 1,200円+税

シリーズ05
『原州通信』

イ・ギホ(著)　清水知佐子(訳)
価格 1,200円+税

こちらがクオンの「韓国文学ショートショート」シリーズです

韓国バラエティは実際の会話に使えるワザがいっぱい！

バラエティ番組の特徴は何と言っても出演者同士が繰り広げる怒涛のトーク。あらかじめセリフが決まっているドラマとは異なり、その場その場の状況に合わせてアドリブが連発されます。

ある意味、最も実際の韓国語ネイティブ同士の会話に近いシチュエーションであると言えるでしょう。

■バラエティ番組はテロップが役立つ！

スピードも容赦なしなので、なかなかついていくのが大変ですが、そこでとても役に立つのがテロップです。日本のバラエティ番組と同様、韓国でも出演者のセリフにはたいていテロップがつけられています。

また、韓国のテロップは出演者のセリフを忠実に再現するだけでなく、状況をよりわかりやすくするための補助説明や、視聴者の気持ちを代弁するようなツッコミが多用されるのも特徴で、それを一つひとつ書き写すだけでも十分勉強になります。

また、バラエティ番組はMCをはじめとするレギュラーメンバーがゲストを迎えるスタイルが一般的です。

レギュラーメンバーはゲストから話を引き出し、盛り上げるための聞き役に回ることが多いのですが、そのとき使われるさまざまなトークテクニックを観察することで、「聞き上手」になることがで

第5章 勉強編

きます。

　23ページ〜にいろいろなあいづちを紹介しましたが、それが**実際のシチュエーションでどのように使われているのか**、そのときの表情や声のトーンはどんな感じなのか、よく観察して、できることなら何度も何度もマネをしてみてください。

　あいづち以外にも、**話題を切り出すとき、話題を変えるとき、話をまとめるとき**など、どれも実際の会話にすぐにでも応用できるテクニックばかりです。

おわりに

　僕は今でこそ韓国語教師という肩書きで仕事をしてこそいますが、スタートが少し早かっただけで、かつてはみなさんとまったく同じような韓国語学習者の一人でした。だから、みなさんの抱えている悩みがよくわかります。僕にとっては、それらはどれも「いつか来た道」だからです。

　この本の執筆にあたり、僕はできるだけかつて初級から何とか這い上がろうともがいていた記憶を思い起こしながら書くように心がけました。その過程で自分でも忘れていた悩みや、あのころの焦りなどがどんどん蘇ってきました。そして、それらの悩みを一つひとつ克服していったプロセスを思い出しながら筆を進めました。そういう意味ではこの本は僕にとっての韓国語学習の記録でもあります。

　ただ、自分の経験を書いただけではありません。当時と比べて今は学習をサポートしてくれるものすごく便利なツールが山ほどあります。たとえばAIの発展は韓国語学習に今までとはまったく異なる新しい局面をもたらしています。この本には、そんな「あのころこんな勉強法ができたらよかったなあ（今の学習者がうらやましい！）」という思いもたっぷりと込められています。

　この本がみなさんの日々の学習の、よいナビゲーターとなれますように！　감사합니다！

稲川右樹

どっちを受ける？
TOPIKとハン検の特徴を比較

■目的と特性を知ることが合格への近道

　韓国語に関連する代表的な試験に「TOPIK（韓国語能力試験）」と「『ハングル』能力検定試験（ハン検）」があります。この2つの韓国語試験の特色をご紹介しましょう。

特徴1　世界で通用するTOPIK、日本人に特化したハン検

　TOPIKは韓国の「国立国際救育院」が主催する試験です。対象としているのは韓国語を母語としない全世界の人。つまり世界に開かれた韓国語試験です。そのため、韓国への進学や就職の際にも韓国語能力を証明する基準としてTOPIKが広く使われています。

　それに対してハン検は日本の「ハングル能力検定協会」が実施しており、日本だけで受けることができます。1993年から実施されており、その歴史の古さから日本の大学や、企業などでも韓国語能力認定の基準として高いステータスを誇ります。

特徴2　初・中級中心のTOPIK、入門と超上級者にはハン検

　TOPIKは1〜6級に、ハン検は1〜5級に分かれています。ただしハン検には「準2級」があり、どちらの試験も6段階で評価されることになります。それぞれの試験のレベルを比較すると、おおよそ右ページの図のようになります（あくまでも目安です！）。

	TOPIK	ハン検
上級		1級
		2級
	6級	
中級	5級	準2級
	4級	
	3級	3級
初級	2級	4級
	1級	5級

TOPIKは1番下が1級で、レベルが上がるごとに数字が増えていきます。それに対しハン検は1級が1番上です。

　ハン検は TOPIK は TOPIK 1（初級）と TOPIK 2（中・上級）の２つの問題から選択し、その得点によって自分の級が決まる方式になっています。また、TOPIK は全世界の人が対象なので、**初級から問題文もすべて韓国語**で出されます。そのため、韓国語をはじめたばかりの人は問題を読むのに精一杯ということも……。

　その点ハン検は、級ごとに別々の問題を解き、２級までの問題は日本語で出題されます。また、問題も日本人学習者に特化した内容になっているため、**初級のころはハン検のほうが受かりやすい**と言われています。

　しかし、上級になるにつれ非常にマニアックな問題が出題され、

とくに1級などは作家並みの語彙力と表現力などが要求されます。ネイティブでも合格するのはむずかしいと言われる所以です。

特徴3　総合的な力が問われるTOPIK、対策が立てやすいハン検

　TOPIKは総合的な韓国語能力を測定することを理念として掲げているため、語彙や文法をたくさん知っているからといって高得点に繋がるというわけでもないようです。

　また、**2023年からは「말하기（スピーキング）」が導入される**予定で、発音やコミュニケーション能力も評価の基準に加わります。

　一方、ハン検は級ごとに使用される語彙や文法の基準があり、対策本もそれに沿って作成されているため、**テキストを元に対策を立てやすいという利点**があります。

　まとめると、それぞれ以下のような人にオススメということになります。

TOPIK

・韓国での進学・就職を目指す人

・実践的な韓国語能力を身につけたい人

・試験を受ける回数をできるだけ少なく抑えたい人

ハン検

・韓国語をはじめて日が浅い人、韓国語マスターを目指す上級者

・日韓・韓日翻訳に興味がある人

・地方で韓国語を勉強している人（試験会場がTOPIKの約2倍）

3タイプで分類
おもな表現と使い方一覧

よく使われる韓国語の表現を3タイプの文型別にまとめました。活用に迷ったときはこの表を参考にしてみてください。

■文型Ⅰタイプ

語尾の「다」さえ取れば作れてしまうシンプルタイプ。語幹にパッチムがあろうがなかろうが、陽母音だろうが陰母音だろうが、気にしなくてOKです。

系統	例	動詞（먹다）	形容詞（예쁘다）
게	- 게（～ように）	먹게（食べるように）	예쁘게（綺麗に）
겠	- 겠다（意思・推測）	먹겠다（食べるだろう）	예쁘겠다（綺麗だろう）
고	- 고 있다（～ている）	먹고 있다（食べている）	×
	- 고 싶다（～たい）	먹고 싶다（食べたい）	예쁘고 싶다 （綺麗でありたい）
	- 고 말다（～てしまう）	먹고 말다 （食べてしまう）	×
기	- 기 싫다（～たくない）	먹기 싫다（食べたくない）	×
	- 기 쉽다/~기 어렵다 （～やすい/～にくい）	먹기 쉽다/먹기 어렵다 （食べやすい/食べにくい）	×
	- 기 때문에（～ので）	먹기 때문에 （食べるので）	예쁘기 때문에 （綺麗なので）

	- 기 전에 (〜る前に)	먹기 전에 (食べる前に)	×
	- 기 위해 (〜るために)	먹기 위해 (食べるために)	×
냐	- 냐고 (〜のかと)	먹냐고 (食べるのかと)	예쁘냐고 (綺麗なのかと)
네	- 네 (〜だなあ)	먹네 (食べるんだなあ)	예쁘네 (綺麗だなあ)
는	- 는 +名詞 (〜る+名詞)	먹는 사람 (食べる人)	×
	- 는지 (〜るのか)	먹는지 (食べるのか)	×
	- 는데 (〜るけど)	먹는데 (食べるけど)	×
	- 는 것 같다 (〜るみたいだ)	먹는 것 같다 (食べるみたいだ)	×
더	- 더라 (〜たものだ)	먹더라 (食べたものだ)	예쁘더라 (綺麗だったものだ)
	- 더니 (〜たけれど)	먹더니 (食べたけれど)	예쁘더니 (綺麗だったけれど)
	- 던+名詞 (〜ていた+名詞)	먹던 사람 (食べていた人)	예쁘던 사람 (綺麗だった人)
자	- 자 (〜よう)	먹자 (食べよう)	×
지	- 지 않다 否定形	먹지 않다 (食べない)	예쁘지 않다 (綺麗じゃない)
	- 잖아(요) ※ (〜じゃない〈ですか〉)	먹잖아요 (食べるじゃないですか)	예쁘잖아요 (綺麗じゃないですか)
	- 지(요) (〜でしょう)	먹지요 (食べるでしょう)	예쁘지요 (綺麗でしょう)
	- 죠 (〜でしょう)	먹죠 (食べるでしょう)	예쁘죠 (綺麗でしょう)
	- 지 마 禁止形	먹지 마 (食べるな)	예쁘지 마 (綺麗でいるな)

※요がつくとていねいに、ないとぞんざいになる

■文型IIタイプ

語幹の最後の文字に注目しましょう。パッチムがあるかどうかによって活用の仕方が変化します。

系統	例	動詞			形容詞	
		パッチムあり (먹다)	パッチムなし (사다)	ㄹパッチム (살다)	パッチムあり (작다)	パッチムなし (크다)
(으) ㄴ	-(으) ㄴ + 名詞 (〜た+名詞) ※1	먹은 사람 (食べた人)	산 사람 (買った人)	산 사람 (住んだ人)	작은 사람 (小さい人)	큰 사람 (大きい人)
	-(으) ㄴ 적이있다 (〜したことがある)	먹은 적이 있다 (食べたことがある)	산 적이 있 다 (買ったことがある)	산 적이 있 다 (住んだことがある)	×	×
	-(으) ㄴ데 (〜けど)	×	×	×	작은데 (小さいけど)	큰데 (大きいけど)
	-(으) ㄴ 후에 (〜た後で)	먹은 후에 (食べた後で)	산 후에 (買った後で)	산 후에 (住んだ後で)	×	×
	-(으) ㄴ 지 (〜て以来/ 〜のか)※2	먹은 지 (食べて以来)	산 지 (買って以来)	산 지 (住んで以来)	작은지 (小さいのか)	큰지 (大きいのか)
	-(으) ㄴ 것 같다 (〜たみたいだ)※3	먹은 것 같 다 (食べたみたいだ)	산 것 같다 (買ったみたいだ)	산 것 같다 (住んだみたいだ)	작은 것 같 다 (小さいみたいだ)	큰 것 같다 (大きいみたいだ)
(으) 니까	-(으) 니까 (〜から)	먹으니까 (食べるから)	사니까 (買うから)	사니까 (住むから)	작으니까 (小さいから)	크니까 (大きいから)

(으) ㄹ	-(으) ㄹ + 名詞 (〈これから〉 ～する＋名 詞)	먹을 사람 (〈これから〉 食べる人)	살 사람 (〈これから〉 買う人)	살 사람 (〈これから〉 住む人)	×	×
	-(으) ㄹ까 (요)？ (～でしょう か？)	먹을까요？ (食べるで しょうか？)	살까요？ (買うでしょ うか？)	살까요？ (住むでしょ うか？)	×	×
	-(으) ㄹ 것이다 (～だろう)	먹을 것이 다（食べる だろう）	살 것이다 (買うだろ う)	살 것이다 (住むだろ う)	작을 것이 다 (小さいだろ う)	클 것이다 (大きいだろ う)
	-(으) ㄹ게 (요)？ (～しますよ 〈強い意思〉)	먹을게 (食べます よ)	살게 (買います よ)	살게 (住みます よ)	×	×
	-(으) ㄹ 것 같다 (〈これから〉 ～みたいだ)	먹을 것 같 다 (〈これから〉 食べるみた いだ	살 것 같다 (〈これから〉 買うみたい だ)	살 것 같다 (〈これから〉 住むみたい だ)	작을 것 같 다 (小さいみた いだ)	클 것 같다 (大きいみた いだ)
	-(으) ㄹ 때 (～とき)	먹을 때 (食べるとき)	살 때 (買うとき)	살 때 (住むとき)	작을 때 (小さいとき)	클 때 (大きいとき)
	-(으) ㄹ래 (요) (～ますよ 〈軽い意思〉)	먹을래 (食べますよ)	살래 (買いますよ)	살래 (住みますよ)	×	×
(으) 라	-(으) 라고 (～しなさい と)	먹으라고 (食べなさい と)	사라고 (買いなさい と)	<u>살라고</u> <u>(住みなさい</u> <u>と)</u>	×	×

180

(으)러	-(으)러 가다 / 오다 (〜しに行く / 来る)	먹으러 가다 (食べに行く)	사러 가다 (買いに行く)	살러 가다 (住みに行く)	×	×
(으)려	-(으)려고 (〜しようと)	먹으려고 (食べようと)	사려고 (買おうと)	살려고 (住もうと)	×	×
(으)면	-(으)면 (〜たら)	먹으면 (食べたら)	사면 (買ったら)	살면 (住んだら)	작으면 (小さかったら)	크면 (大きかったら)
	-(으)면서 (〜ながら / 〜にもかかわらず)	먹으면서 (食べながら)	사면서 (買いながら)	살면서 (住みながら)	작으면서 (小さいにもかかわらず)	크면서 (大きいにもかかわらず)
(으)ㅂ	-(으)ㅂ시다 (〜しましょう)	먹읍시다 (食べましょう)	삽시다 (買いましょう)	삽시다 (住みましょう)	×	×
(으)시	-(으)시다 (드시다) 尊敬語	먹으시다 (드시다) (召し上がる)	사시다 (お買いになる)	사시다 (お住まいになる)	작으시다 (小さくていらっしゃる)	크시다 (大きくていらっしゃる)

巻末

「ㄹ」パッチムが脱落せずにそのまま残る文型も少数ながらあります。上の表にピンクの下線でチェックしておきましたので、しっかり覚えてくださいね。

※1 形容詞の場合は「〜（な）＋名詞」
※2 形容詞の場合は「〜（な）のか」
※3 形容詞の場合は「〜みたいだ」

■文型Ⅲタイプ

　注目は「語幹の最後の母音が ㅏ , ㅗ（ㅑ , ㅛも含む）なのか、そうでないのか」です。陽母音か陰母音かによって活用が変わります。

系統	例	動詞		形容詞	
		陽母音 （앉다）	陰母音 （서다）	陽母音 （작다）	陰母音 （넓다）
-아/ 어	-아/어요 丁寧語	앉아요 （座ります）	서요 （立ちます）	작아요 （小さいです）	넓어요 （広いです）
	-아/어서 （〜て）	앉아서 （座って）	서서 （立って）	작아서 （小さくて）	넓어서 （広くて）
	-아/어도 （〜ても）	앉아도 （座っても）	서도 （立っても）	작아도 （小さくても）	넓어도 （広くても）
	-아 두다 （〜ておく）	앉아 두다 （座っておく）	서 두다 （立っておく）	×	×
	-아/어야 되 다 （〜なくてはい けない）	앉아야 되다 （座らなくては いけない）	서야 되다 （立たなくては いけない）	작아야 되다 （小さくなくて はいけない）	넓어야 되다 （広くなくては いけない）
	-아/어 보다 （〜てみる）	앉아 보다 （座ってみる）	서 보다 （立ってみる）	×	×
	-아 버리다 （〜てしまう）	앉아 버리다 （座ってしまう）	서 버리다 （立ってしまう）	×	×
	-아/어 있다 （〜ている〈状 態〉）	앉아 있다 （座っている）	서 있다 （立っている）	×	×

		앉다	서다	작다	넓다
	-아/어 주다 （〜てあげる）	앉아 주다 （座ってあげる）	서 주다 （立ってあげる）	×	×
	-아/어 보이다 （〜ように見える）	×	×	작아 보이다 （小さいように見える）	넓어 보이다 （広いように見える）
	-아/어지다 （〜になる・〈自然に〉〜する）	앉아지다 （〈自然に〉座れる）	서지다 （〈自然に〉立てる）	작아지다 （小さくなる）	넓어지다 （広くなる）
-았/었	-았/었다 過去形	앉았다 （座った）	섰다 （立った）	작았다 （小さかった）	넓었다 （広かった）
	-았/었을 때 （〜したとき）	앉았을 때 （座ったとき）	섰을 때 （立ったとき）	작았을 때 （小さかったとき）	넓었을 때 （広かったとき）
	-았/었던 （〜ていた〈過去の回想〉＋名詞）	앉았던 사람 （座っていた人）	섰던 사람 （立っていた人）	작았던 사람 （小さかった人）	넓었던 방 （広かった部屋）

稲川右樹（いながわ・ゆうき）

帝塚山学院大学リベラルアーツ学部准教授（韓国語専攻コース）。

滋賀県出身。東京での大学時代、留学生だった妻との出会いによりまったく興味のなかった韓国の魅力に開眼。韓国語を学ぶため、2001年ソウル大学言語教育院に語学留学、その後、時事日本語学院、ソウル大学言語教育院で日本語教育に携わる。ソウル大学韓国語教育学科博士課程単位取得満期退学の後、2018年に帰国。

2014年度から2017年度にかけて、日本全国28都市で韓国語発音セミナーを開催し、延べ4500人以上の韓国語学習者に発音指導を行う。大学で教鞭をとりながら、NHK文化センターで韓国語セミナーを行うなど、精力的に活動している。Twitterなど各種SNSを駆使して、日本全国の韓国語学習者ネットワークを構築するのが目標。

著書に『ゆうきの「韓国語表現力向上委員会」発！ネイティブっぽい韓国語の表現200【CD付き】』『ネイティブっぽい韓国語の発音【CD付き】』（ともにHANA）がある。

Twitter：@ yuki7979seoul

いっしゅうかん　おどろ　　　じょうたつ
一週間で驚くほど上達する！
に ほんいちたの　　　　かんこく ご がくしゅう
日本一楽しい韓国語学習50のコツ

2020年3月27日　初版発行
2020年9月20日　再版発行

著者	稲川右樹
発行者	川金正法
発行	株式会社KADOKAWA
	〒102-8177　東京都千代田区富士見2-13-3
	電話0570-002-301（ナビダイヤル）
印刷所	凸版印刷株式会社

●お問い合わせ
https://www.kadokawa.co.jp/　（「お問い合わせ」へお進みください）
※内容によっては、お答えできない場合があります。
※サポートは日本国内のみとさせていただきます。
※ Japanese text only

定価はカバーに表示してあります。

©Yuki Inagawa 2020 Printed in Japan
ISBN 978-4-04-065726-4　C0087